MENOPAUSA —
Fase de Transição?

Orientador médico

Dr. Anton Fechtig,
médico ginecologista

MENOPAUSA —
Fase de Transição?

Tradução
ILZA VILMA KNAPP
MERLE SCOSS

EDITORA CULTRIX
São Paulo

Título do original:
Wechseljahre
Zeit des Wandels?

Copyright © 1998 Falken — Verlag GmBH.

Todos os direitos reservados. Nenhuma parte deste livro, inclusive as fotos, pode ser reproduzida ou usada de qualquer forma ou por qualquer meio, eletrônico ou mecânico, inclusive fotocópias, gravações ou sistema de armazenamento em banco de dados, sem permissão por escrito, exceto nos casos de trechos curtos citados em resenhas críticas ou artigos de revistas.

Os conselhos contidos neste livro foram cuidadosamente avaliados e testados pelo autor e pela editora; no entanto, não há garantia de sucesso. Fica excluída a responsabilidade do autor ou da editora e dos seus encarregados em caso de danos a pessoas, coisas e propriedades.

O primeiro número à esquerda indica a edição, ou reedição, desta obra. A primeira dezena à direita indica o ano em que esta edição, ou reedição, foi publicada.

Edição	Ano
1-2-3-4-5-6-7-8-9-10	00-01-02-03-04

Direitos de tradução para o Brasil
adquiridos com exclusividade pela
EDITORA CULTRIX LTDA.
Rua Dr. Mário Vicente, 374 — 04270-000 — São Paulo, SP
Fone: 272-1399 — Fax: 272-4770
E-mail: pensamento@snet.com.br
http://www.pensamento-cultrix.com.br
que se reserva a propriedade literária desta tradução.

Impresso em nossas oficinas gráficas.

Sumário

Introdução..	7
Afinal, o que é o climatério?	11
As fases da vida da mulher.............................	13
Causas do climatério.....................................	19
O significado do climatério	23
Doenças durante o climatério	27
Distúrbios típicos	29
Modificações do metabolismo e seu significado	49
O tratamento com hormônios	55
Por que fazer reposição hormonal?.....................	57
Efeitos favoráveis da reposição hormonal......	67
Efeitos colaterais da reposição hormonal......	73
E quando não se deve tomar hormônios?...................	83

Se você toma
hormônios 87

**Outras ajudas no
climatério** 93

Os hormônios não
são a única solução 95

Alternativas para a reposição
hormonal 97

Cirurgias durante e depois do climatério 111

O que você mesma pode fazer? 119

Apêndice 137

As perguntas mais
freqüentes sobre o
climatério 139

Glossário 147

Introdução

Toda mulher chega, num dado momento, àquela fase da vida que denominamos climatério. Para algumas, o climatério está associado a diversos problemas e doenças; para todas, trata-se de uma significativa modificação da vida do dia-a-dia. No entanto, a fase do climatério é parte integrante e normal da vida de uma mulher. Tão normal quanto a infância, a puberdade e a juventude — mesmo que estas estejam relacionadas com problemas muito diferentes.

> O climatério faz parte da vida de uma mulher

O interlocutor correto

Surgem muitas perguntas, especialmente relativas ao modo de se enfrentar as doenças típicas do climatério. Muito se falou e escreveu sobre o climatério: talvez uma amiga tenha passado por determinadas experiências; no seu local de trabalho discute-se o assunto; as revistas tentam dar explicações. No entanto, o interlocutor mais competente é por certo o seu médico ou médica ginecologista. Os próprios ginecologistas têm a mesma opinião: eles se esforçam para tornar-se o "médico da mulher" — com a consciência de ver suas pacientes como um todo, com todas as suas preocupações e problemas — e não com a visão do médico especializado em um órgão.

Uma parte essencial da atividade ginecológica diária

Sendo assim, atualmente, o climatério é um aspecto essencial do trabalho cotidiano na prática ginecológica. Com freqüência cada vez maior, os ginecologistas se especializam neste assunto. O conhecimento aumenta rapidamente, em especial no que se refere à questão da reposição hormonal, e é quase obrigação do ginecologista manter-se atualizado, fazendo cursos regularmente a fim de poder oferecer às pacientes, também nesse ramo da medicina, conhecimentos fundamentados na ciência moderna.

O que nós mesmas podemos fazer?

Como paciente, você pode lidar melhor com seu climatério tendo mais iniciativa e atividade pessoais. Assim estará em condições de fazer perguntas objetivas ao seu médico, entender melhor as respostas dele e participar pessoalmente das decisões medicinais.

Informar-se — e depois participar da decisão

Este livro destina-se a ajudá-la a fazer isso. Os problemas do climatério são apresentados de forma abrangente; uma atenção especial é dirigida para as possibilidades de tratamento. Assim, você mesma poderá fazer uma idéia do estado atual da medicina. Poderá, sobretudo — como paciente bem-informada —, compreender melhor e mais rapidamente o que o médico lhe diz, tomando parte naquilo que diz respeito a você mesma.

Afinal, o que é o Climatério?

As Fases da Vida da Mulher

Antes de nos ocuparmos especificamente com o tema do climatério, precisamos primeiro esclarecer o que esses anos de transição representam na vida de uma mulher.

Em essência, o climatério é uma alteração na função dos ovários e, conseqüentemente, do sistema hormonal da mulher. Os ovários dispõem de cada vez menos folículos (óvulos), nos quais são formados os hormônios sexuais femininos. Neste capítulo, os períodos mais importantes da vida de uma mulher serão analisados a partir desse aspecto.

> No climatério, reduz-se a produção de estrógeno dos ovários

IMPORTANTE

O que são hormônios?

Hormônios são substâncias produzidas pelo nosso corpo e que exercem a função de transmissores. Em outras palavras, hormônios são transmissores químicos em nosso corpo. Eles completam nosso outro sistema transmissor, o sistema nervoso, que trabalha com impulsos elétricos. Em nosso corpo há uma multiplicidade de diferentes hormônios com funções totalmente diferentes. Dentre eles temos os hormônios sexuais femininos, os estrógenos. Eles são essenciais para estabelecer a diferença entre o homem e a mulher.

Infância

Por infância entende-se o período que vai do nascimento até o da criança pequena. Nesse período, o ser humano cresce e aprende as capacidades elementares das quais precisará durante toda a sua vida.

Entre outras coisas, aprendemos a desenvolver a fala, nossa capacidade de comunicação no sentido mais amplo. Na infância também aprendemos coisas naturais como sentar-se, ficar em pé e andar, comer e beber, as formas de comportamento e relacionamento na vida cotidiana. Do ponto de vista específico do desenvolvimento sexual feminino, até o sétimo ou oitavo ano de vida temos uma fase de repouso. Os hormônios sexuais femininos são produzidos numa concentração baixíssima.

Pré-puberdade

A formação de hormônios é estimulada pelo cérebro

Mas antes do décimo ano de vida, começam (imperceptivelmente) as primeiras modificações no corpo da menina. Primeiro, o córtex das supra-renais e depois também os ovários são estimulados pelo cérebro e começam a produzir hormônios. Esses processos partem do cérebro: o hipotálamo regula o sistema hormonal e todo o nosso sistema vegetativo.

Esse período coincide com a segunda metade do primeiro grau, a fase da vida em que se estabelecem os contatos sociais e um primeiro afastamento dos pais. Ao mesmo tempo, esse primeiro amadurecimento sexual tipicamente hormonal contribui para que a menina em crescimento se adapte melhor ao seu papel sexual. Em nenhuma outra idade a formação de grupos é tão fortemente caracterizada pela separação dos sexos como na pré-puberdade.

Puberdade

Segue-se a puberdade, época em que se tornam visíveis as características físicas do corpo feminino típico. O tecido das glândulas mamárias se desenvolve, aparecem os primeiros pêlos púbicos e depois também os pêlos das axilas. O útero cresce, forma-se a mucosa do útero (endométrio), nos ovários amadurecem os óvulos. Segue-se, como uma experiência decisiva — em média por volta do 13º ano de vida —, o primeiro sangramento periódico, a chamada menarca.

Todas essas modificações são causadas pela formação crescente dos hormônios sexuais femininos.

Mas a mudança na imagem do próprio corpo, principalmente a primeira menstruação, podem deixar a menina muito insegura. Essa insegurança é particularmente grande quando os pais — em especial a mãe — não esclarecem a filha e esta é surpreendida pelo primeiro sangramento.

Adolescência

Depois da primeira menstruação, durante dois ou três anos, desenvolve-se lentamente um ciclo regular. Nesse período, o processo hormonal se regulariza. Em última análise, o sangramento mensal é apenas uma reação do útero, que é controlado pelas substâncias transmissoras, os hormônios sexuais femininos.

O crescimento continua e, em geral, cessa por volta dos 17 ou 18 anos de idade.

A adolescente torna-se cada vez mais independente e se afasta do lar paterno de várias maneiras. Uma insegurança inicialmente grande e a busca da própria identidade determinam seu comportamento. Não é raro este se manifestar numa clara atitude de protesto — muitas vezes também contra os próprios pais.

Amadurecimento sexual

A menstruação é uma evidência de atividade hormonal

A menstruação regular sinaliza o amadurecimento sexual físico, ao qual se segue, com o tempo, também o amadurecimento mental e espiritual.

As três décadas seguintes são dedicadas à formação profissional e ao trabalho, à vida conjugal e à sexualidade, à gravidez, aos partos, à educação dos filhos e à administração dos vários problemas do cotidiano.

Na maioria dos casos, faz parte desse período a menstruação regular, como algo natural. Ela evidencia uma atividade hormonal regular e organizada.

Climatério e menopausa*

A mudança hormonal se prolonga por cerca de uma década

Em algum momento — geralmente quando a mulher entra na segunda metade dos "quarenta" anos —, acontecem algumas modificações: o ciclo menstrual torna-se irregular e podem surgir as doenças típicas. O climatério começou. Acontecerá um sangramento que, como então se poderá constatar, será o último. A medicina lhe dá o nome de menopausa.

Nesta fase cessa a função dos ovários. Não há mais ovulação, a produção de hormônios sexuais femininos diminui intensamente e acaba por chegar a um nível mínimo.

O corpo precisa de uns 15 anos para se acostumar com essa mudança. Enquanto isso, podem surgir as doenças do climatério.

---

* O autor caracteriza menopausa como o último sangramento, e climatério como o período todo.

Velhice

Os anos que se seguem ao climatério — a linha divisória entre climatério e velhice não está claramente determinada — são chamados de "terceira idade".

Sintomas generalizados típicos dessa idade se tornam perceptíveis.

Contam-se também as típicas modificações físicas que se devem à carência de hormônios sexuais femininos.

Como atualmente essa fase da vida em geral se prolonga por mais de trinta anos, é cada vez mais importante não simplesmente aceitarmos esses indesejados problemas físicos e mentais, porém fazermos algo para resolvê-los. O que já é possível hoje, será explicado adiante em detalhes.

IMPORTANTE

Em última análise, podemos compreender o climatério como uma fase de transição na vida de cada mulher — tal como a puberdade é uma transição da infância para a adolescência. O climatério marca o fim do amadurecimento sexual, da capacidade procriativa, e dura, em média, de 12 a 13 anos.

No decorrer desse tempo, chega-se à cessação definitiva da menstruação: a menopausa.

O climatério é uma parte totalmente normal da vida de uma mulher; não é uma doença, embora possa envolver doenças típicas.

Causas do Climatério

Envelhecimento dos ovários

As modificações características acontecem nos ovários. O número de óvulos disponíveis diminui continuamente no decorrer da vida. Esses óvulos já existiam durante o desenvolvimento da menina ainda não-nascida, amadurecem nos ovários até seu nascimento, e então permanecem num determinado grau de amadurecimento.

Todos os óvulos são cercados de uma camada de células; estas se chamam folículos. Essas células que cercam o óvulo podem produzir os hormônios sexuais femininos, depois de estimuladas pela gonadotropina (hormônio formado na hipófise).

O número de folículos diminui

Uma menina no ventre da mãe — no sexto ou sétimo mês de gravidez — tem alguns milhões de óvulos, dos quais, por volta de seu nascimento, ainda resta mais ou menos um milhão. Este número vai se reduzindo até a puberdade, chegando a mais ou menos 400.000 óvulos, cada um deles cercado por uma camada de células, os folículos. A cada mês alguns deles amadurecem, mas no geral, em cada ciclo apenas um óvulo amadurece completamente e pode ser fertilizado.

> Folículos são óvulos arredondados, que existem nos ovários

Com o óvulo, amadurece todo o folículo; as células que envolvem o óvulo formam várias camadas. Finalmente, por meio da formação do líquido dos folículos, surge a chamada cavidade folicular.

Para descrever esse processo, a medicina escolheu os termos folículo primário, secundário e terciário. Pouco antes da ovulação, o folículo terciário, com sua cavidade e o óvulo nela contido, pode ter um diâmetro de 25 milímetros. Nas células dos folículos são produzidos os estrógenos.

Depois da ovulação, as células foliculares desenvolvem a capacidade adicional de produzir a progesterona. O folículo se chama então "corpo lúteo" e sua cor amarelada se deve `a impregnação pelo colesterol.

Por que se reduz o número de hormônios?

Com o processo de envelhecimento dos ovários, diminui o número de folículos produtores de hormônios

Com a redução do número de folículos, decresce também a capacidade de produção de hormônios dos ovários.

O número de óvulos e portanto de folículos produtores de hormônios diminui não só devido ao "uso". Toda mulher pode facilmente fazer as contas: ela sabe que não terá 400.000 ciclos em sua vida. Também os típicos processos de envelhecimento dos ovários contribuem para que, no curso do tempo, restem cada vez menos células produtoras de hormônios. Desses processos fazem parte as alterações dos vasos sangüíneos, as alterações dos tecidos conjuntivos ovarianos e uma crescente cicatrização dos tecidos, como conseqüência da ovulação regular.

Fraqueza do corpo lúteo

Juntas, todas essas modificações fazem com que certo dia os ovários não possam mais produzir a costumeira quantidade de hormônios sexuais femininos.

Em primeiro lugar, diminui o efeito dos hormônios do corpo lúteo: por volta dos 40 anos — às vezes até mesmo antes — surgem perturbações no amadurecimento dos folículos. Então não é mais formado um folículo totalmente maduro a cada mês. Às vezes não ocorre ovulação (anovulação) ou, depois da ovulação, é insuficiente a formação de hormônios pelo corpo lúteo (fraqueza ou insuficiência do *corpus-luteum*). A produção de estrógenos não é afetada.

Nesse período são muito freqüentes os distúrbios menstruais: sangramentos intermediários, menstruação irregular, sangramentos longos demais ou muito fortes. Como isso resulta de um desequilíbrio da ação do estrogênio e da progesterona, também se fala, nesses casos, de um predomínio relativo dos estrógenos.

Falta de estrógenos

Somente mais tarde, em geral por volta dos 45 aos 48 anos, surge uma marcante e perceptível diminuição na produção de estrógenos.

Uma determinação dos valores dos estrógenos no sangue, no entanto, pode indicar dados falsos, visto que a produção de estrógenos nessa fase da vida é muito irregular. Durante um mesmo dia, é possível haver enormes oscilações; tanto que de início há valores normais, mas depois de uma ou duas horas tornam-se visíveis valores muito baixos no sangue, o que pode levar a falsas conclusões.

Como os estrógenos chegam ao sangue a partir dos ovários, desenvolvendo depois seus efeitos em todo o corpo, é claro que sua falta se torna visível em todo o corpo. O quadro de males provocados pela falta de estrógenos pode variar bastante de uma mulher para outra.

O climatério se inicia em média aos 51 anos

O sinal clássico do início do climatério, ou seja, a cessação da menstruação (menopausa) só surge alguns anos depois — em média, atualmente, por volta dos 51 anos.

Início prematuro do climatério

Em casos mais raros, o climatério pode começar mais cedo: no caso de graves doenças crônicas (por exemplo, diabetes ou doenças reumáticas), em virtude de quimioterapia, da radioterapia ou da remoção cirúrgica dos ovários. Nesses casos, é freqüente surgirem males comuns bem pronunciados.

O Significado do Climatério

Climatério — sinal de envelhecimento

Embora seja normal e faça parte da vida, ainda assim o climatério tem um significado especial na vida da mulher.

No início do climatério, toda mulher percebe um sinal físico do seu envelhecimento. A cessação do sangramento menstrual a torna totalmente consciente de que não pode mais engravidar, não pode mais ter filhos. Mesmo que ainda exista o desejo de ter filhos, este é um sinal claro do envelhecimento: a segunda metade da vida já começou.

Nesse sentido, o climatério representa um profundo corte na vida de toda mulher. Numa época em que a juventude física tornou-se o ideal e em que a juventude tem de ser mantida por todos os meios possíveis, a compreensão de que se está envelhecendo também pode levar a uma crise existencial.

> A menopausa sinaliza que a segunda metade da vida se iniciou

Modificações na família

Nessa época, também é comum ocorrerem mudanças típicas no âmbito familiar. Em geral, os filhos chegaram à idade de se libertar dos laços familiares e procurar seus próprios caminhos. Assim, deixam de existir várias tarefas que, em parte, eram muito absorventes e exigiam muito tempo da mãe: as tarefas domésticas são feitas muito mais depressa e sobra mais tempo livre. Surge então a pergunta — muitas vezes surpreendente: o que faço agora com meu tempo livre? Onde encontro novas atividades?

É exatamente nessa fase que as mulheres percebem intensamente o envelhecimento dos próprios pais. Em muitos casos, precisam cuidar deles em casa ou ministrar-lhes cuidados especiais. Isso se torna um encargo especial quando seus pais necessitam ficar acamados e imobilizados devido a alguma doença grave; ou quando aparece cada vez mais seu enfraquecimento mental e físico, e eles começam a perder a memória, necessitando de ajuda, ficando desamparados. É então que os pais confiam no apoio dos filhos crescidos.

Mas também no contexto social mais amplo acumulam-se as mudanças. Temos muita consciência das doenças ou até da morte de amigos e parentes.

E assim chegamos, com maior ou menor consciência, a formular a pergunta: Como serão as coisas comigo mesma?

As vantagens da mulher ativa

Nesta época de mudança radical, as mulheres que trabalham fora ou estão fortemente engajadas em atividades sociais, parecendo ter encontrado seu lugar, muitas vezes têm mais facilidade de se reorientar. A mudança para a nova fase da vida é menos dramática e menos perturbadora para elas. É surpreendente como as mulheres ativas, autoconscientes e criativas e que até então também viveram sua sexualidade, conseguem controlar o climatério sem problemas.

> **NOSSA SUGESTÃO**
>
> Onde você encontrará suas novas ocupações na vida é de importância secundária. Você pode envolver-se com a comunidade da sua Igreja, com organizações de caridade, com negócios, com um partido político — o importante é você permanecer ativa, viver sua própria vida e vivê-la conscientemente. Afinal, o que a impede de freqüentar uma escola, aprender algo completamente novo e transformar-se, ou visar a obtenção de um diploma superior ou mesmo uma pós-graduação?
> Você mesma tem de estabelecer e vivenciar suas possibilidades e limites pessoais!

O problema fundamental: como posso me encontrar?

Em geral, as mulheres que até então se ocuparam com tarefas de âmbito predominantemente doméstico têm maiores problemas durante o climatério. Quando os filhos se tornam independentes, elas precisam procurar novas ocupações para preencher seu cotidiano. Isso pode tornar-se difícil depois de anos — ou décadas — dedicados ao dia-a-dia de donas de casa. No entanto, elas têm de impor-se a tarefa de encontrar a si mesmas, continuar ativas na sociedade e não se isolar do mundo.

As doenças como um pedido de socorro?

Quando a mulher não consegue controlar essas mudanças, o climatério costuma ser problemático. Os males físicos são sentidos intensamente e não é raro o médico sentir nisso um apelo, um pedido oculto de ajuda. Também são freqüentes os sintomas físicos: depressões, talvez, que precisam de um tratamento médico competente.

É muito importante que a mulher climatérica tenha um ginecologista em quem confie plenamente. Deve falar com ele sobre seus problemas, suas preocupações e seus temores. E não deve hesitar em abordar também todos os problemas de natureza sexual.

Doenças Durante o Climatério

Distúrbios Típicos

Muitas mulheres sofrem os distúrbios típicos do climatério: um terço delas tem problemas bem pronunciados e outro terço, problemas relativamente suaves.

Ao lado desses distúrbios, ocorrem mudanças características no metabolismo, que de início não causam sofrimento, porém são de grande significado para o resto da vida.

Ondas de calor

Este distúrbio costuma ser mencionado em primeiro lugar. Por ele entende-se uma súbita e desagradável sensação de calor — tal como a provocada pela permanência num local com clima opressivamente quente e úmido.

As ondas de calor surgem de repente, quando os vasos sangüíneos da pele se dilatam e a epiderme é fortemente irrigada pelo sangue. Esse processo é provocado por distúrbios transitórios na regularização do centro de temperatura do corpo, que fica no hipotálamo. Como em todas as outras regiões do cérebro, também ali há receptores especiais para os estrógenos.

Os estrógenos exercem um efeito estabilizador sobre esses receptores. Com a diminuição de estrógenos no corpo, modifica-se o valor da temperatura física e acionam-se os mecanismos que devem adequar a temperatura física ao novo valor.

Com o calor provocado, a pele é mais intensamente irrigada, e isso produz a transpiração.

No climatério, os estrógenos não desaparecem todos de uma só vez — ao contrário, eles continuam a ser produzidos, mas em quantidades bem menores e principalmente com grandes oscilações ao longo do dia. Essas oscilações explicam porque surgem os *fogachos*, que então subitamente — depois de alguns minutos ou mesmo até duas horas — tornam a desaparecer.

Problemas semelhantes podem surgir, por exemplo, depois de um parto, quando, devido à súbita mudança hormonal, ocorre uma forte queda no nível de estrógenos do corpo.

Transpiração profunda

Oscilações hormonais podem provocar súbitas ondas de calor

Pelos mesmos motivos também há forte transpiração, que em geral é acompanhada de ondas de calor.

As mulheres afetadas com freqüência mostram um típico padrão de comportamento: abrem as janelas até mesmo nas épocas mais frias do ano, preferem roupas arejadas e curtas, o aquecedor é colocado na potência mínima ou desligado.

Especialmente desagradáveis são os suores noturnos. Durante o climatério muitas mulheres já sofrem distúrbios do sono — custam a adormecer e não dormem bem — que são agravados pelos suores.

> **IMPORTANTE**
>
> *Em caso de fases mais duradouras de suores noturnos, você deve — principalmente quando eles acontecem fora do climatério — consultar seu ginecologista. Por trás deles podem ocultar-se outros problemas, como, por exemplo, distúrbios funcionais da tireóide ou doenças infecciosas crônicas. Se necessário, o ginecologista encaminhará você a um especialista ou clínico geral, para maiores esclarecimentos.*

Tendência à ruborização da pele

Também o rubor da pele, principalmente no rosto e no colo, deve-se à instabilidade vegetativa. Este fenômeno também pode ser observado em mulheres que não estão no climatério, mas sofrem sintomas típicos do sistema vegetativo.

Menstruação irregular

Como os hormônios sexuais femininos também controlam a mucosa uterina, é fácil compreender que os distúrbios de sangramento se incluam no quadro das modificações hormonais do climatério.

Quem determina o ritmo cíclico do sangramento menstrual é o hipotálamo. Nele é produzido o hormônio liberador da gonadotrofina, hormônio esse que por sua vez controla a liberação dos hormônios que atuam sobre os ovários. Os hormônios gonadotróficos são: o hormônio folículo-estimulante (FSH), que promove o crescimento dos folículos, e o hormônio luteinizante (LH), que promove a ovulação: ambos são formados na adeno-hipófise.

Na primeira metade do ciclo, predomina a formação do FSH, que promove o amadurecimento do folículo e o acréscimo de produção de estrogênio. No meio do ciclo é liberado crescentemente o LH; a ovulação acontece e, em seguida, o folículo é transformado em corpo lúteo. No corpo lúteo é formado seu hormônio, a progesterona. Se não ocorrer a fertilização do óvulo, o corpo lúteo involui e o nível de progesterona cai. Com a queda da porcentagem de progesterona, a mucosa do útero reage com a menstruação. A menstruação regular, portanto, é um sangramento devido à retirada da progesterona. Um primeiro sinal do início do climatério é uma certa irregularidade menstrual. Ela chama a atenção principalmente das mulheres acostumadas a ciclos muito regulares. O ciclo se tor-

> Modificações no ciclo menstrual mostram que está ocorrendo uma mudança hormonal

na mais curto, depois mais longo e termina com a última menstruação, a chamada "menopausa".

As irregularidades menstruais em geral se devem a distúrbios na produção de progesterona. Com o crescente processo de envelhecimento, os folículos perdem cada vez mais sua capacidade de reagir à estimulação hormonal por meio dos hormônios da adeno-hipófise; não amadurecem mais como nos anos anteriores. Assim sendo, diminui também a capacidade de formar progesterona depois da ovulação e a transformação em corpo lúteo. Isso é denominado fraqueza ou insuficiência do corpo lúteo.

Enquanto os sangramentos não ocorrem com demasiada freqüência ou se tornam muito fortes, isto é, enquanto a perda de sangue não é muito grande, isso não apresenta problemas do ponto de vista médico. Como a fase da menstruação, no entanto, para a maioria das mulheres significa ao menos uma inconveniência, essa irregularidade mais ou menos intensa muitas vezes é encarada como uma inconveniência adicional.

Menstruação mais abundante ou prolongada

Um útero hipertrofiado pode levar a uma perda maior de sangue

A disfunção da formação de progesterona leva a uma modificação do equilíbrio entre estrógenos e progestágenos, com predomínio dos primeiros. Por isso fala-se de um relativo predomínio do estrogênio. Este pode exercer um impulso de crescimento exageradamente forte sobre a mucosa do útero e levar a regras mais abundantes e prolongadas.

Os sangramentos irregulares atingem o estado de doença quando a perda de sangue é demasiada. Ela pode levar, em poucos meses, a uma comprovada anemia.

Como a verdadeira força da menstruação não pode ser medida exatamente pela própria mulher, em caso de regras fortes demais o ginecologista, por meio de um exame de sangue, deve constatar o nível da concentração de glóbulos vermelhos (hemoglobina). A perda normal de sangue deve ser no máximo de 50 a 60 mililitros por mês. Se durante vários meses a perda sangüínea exceder 60 ou 80 mililitros por mês, haverá uma deficiência de glóbulos vermelhos e surgirá a anemia. Desse problema sofrem sobretudo as mulheres com o útero hipertrofiado. Uma mulher em cada quatro é afetada por esse problema. Em muitos casos chega-se à remoção cirúrgica do útero.

A causa da hipertrofia uterina na maioria das vezes são os nódulos benignos (miomas) na musculatura do útero. Um útero pesa normalmente de 60 a 80 gramas e um útero hipertrofiado chega muitas vezes ao triplo desse peso; em casos raros, chega a pesar um quilo.

Sangramentos fora do período menstrual

O sangramento fora do período menstrual não é raro e também pode ser explicado pelas mudanças hormonais do climatério. Seja como for, qualquer sangramento fora das regras esperadas pode ter outras causas. Por isso, sempre que houver sangramentos irregulares no período típico do climatério, deve-se esclarecer com segurança se por trás delas não existe nenhuma doença maligna do útero. Em geral, deve ser realizada uma raspagem (curetagem ou abrasão) do útero. A alternativa é o ginecologista fazer um reflexodiagnóstico da cavidade uterina (histeroscopia).

> A causa de irregularidades menstruais deve ser esclarecida

A cessação dos sangramentos menstruais: a menopausa

A cessação definitiva das menstruações é um processo totalmente normal, mas também pode causar dificuldades — na maioria, psíquicas.

Agora se estabelece com certeza que uma gravidez não é mais possível, que a velhice se aproxima e que o corpo se modifica.

Quase todos os psicólogos que se ocupam com o significado da menopausa para a mulher, chegaram à mesma conclusão: o controle dessa realidade não é fácil, principalmente porque a mulher ao mesmo tempo se modifica em termos físicos.

Na Europa Ocidental, a última menstruação ocorre, em média, aos 51 anos. Em fumantes inveteradas ou mulheres com peso abaixo do ideal, ela ocorre mais cedo. Além disso, há relação entre a idade da primeira menstruação (menarca) e a da última (menopausa): quanto mais cedo aconteceu a primeira regra, tanto mais tarde, em geral, acontecerá a menopausa.

Aumento de peso

Muitas vezes atribuímos o aumento de peso ao tratamento com hormônios. O argumento contrário é de que, durante o climatério, muitas mulheres aumentam de peso mesmo sem tomar hormônios. Esse fenômeno já era conhecido quando ainda não existia nenhum tratamento medicamentoso com hormônios ou terapias de reposição hormonal.

A taxa do metabolismo basal diminui — usa-se menos calorias

A causa desse aumento de peso está na mudança metabólica: a taxa do metabolismo basal se reduz, o corpo usa menos energia do que antes. Se não mudarmos a quantidade de calorias ingeridas, mais gordura corpórea é incorporada ao organismo e o peso do corpo aumenta.

MENOPAUSA — FASE DE TRANSIÇÃO?

Em última análise, não sabemos como o metabolismo basal consome menos energia à medida que envelhecemos. O certo é que aparece o chamado catabolismo metabólico: absorvemos cada vez mais albumina corporal e usamos cada vez menos portadores de energia para a formação de novas albuminas. Os portadores de energia, as "calorias", são então armazenados na forma de tecido adiposo.

Esses processos são intensificados pela carência de estrógenos. Os estrógenos estimulam a formação do hormônio do crescimento, dos hormônios anabólicos — formadores de albumina — os mais fortes do organismo feminino. Além disso, os estrógenos têm função reguladora tanto no metabolismo do açúcar como no metabolismo das gorduras. Se cai a taxa de estrógenos, então — mesmo que em quantidade mínima — os hormônios sexuais masculinos existentes no corpo da mulher (androgênios) começam a exercer um efeito intenso. Isso acarreta duas consequências principais: em primeiro lugar, as células reagem mal à insulina na formação de açúcar, criando mais insulina (hiperinsulinismo). Isso não só provoca modificações nas paredes das artérias (arteriosclerose) mas também o aumento do apetite. Por outro lado, a produção de albumina é alterada no metabolismo; e ela é necessária para uma rápida avaliação do teor de gordura e uma rápida dissolução da mesma. Assim, a dissolução das gorduras no sangue é visivelmente mais lenta.

Portanto, contrariando a opinião ainda bastante defendida, os estrógenos não são a causa do aumento do peso. Eles podem, ao contrário, até mesmo facilitar a perda de peso. Na maioria dos casos, entretanto, a ingestão de estrógenos não influencia no peso. Mas pode haver um aumento de peso de até um quilo quando uma paciente inicia o tratamento de reposição de estrógenos; depois da prolongada falta de estrógenos, as células da pele e os tecidos conjuntivos armazenam novamente a medida normal de fluido celular (reidratação).

A reposição hormonal, por si só, não impede um eventual aumento de peso

As mudanças do metabolismo energético podem ser apenas parcialmente impedidas pela ingestão de estrógenos e exigem disciplina na hora de comer e beber. É justamente durante e depois do climatério que é importante, por um lado, não comer demais, e por outro, fazer bastante exercício físico.

Humor depressivo

Não é raro as mulheres demonstrarem tendência à depressão durante o climatério. Na maioria das vezes, não se trata de depressões clássicas no sentido psiquiátrico. Desenvolve-se muito mais uma tendência para o medo generalizado e as preocupações sobre si mesma. De modo geral, o humor é instável, e com freqüência, as mulheres sentem uma indisposição ou fadiga generalizadas. Partimos da idéia de que esses males se devem à deficiência de hormônios sexuais femininos. Há tempos os estudos médicos se ocupam com possíveis inter-relações entre a deficiência de estrógenos e a depressão. Até agora, sabe-se o seguinte: os estrógenos regulam a produção de transmissores químicos no cérebro, que atuam localmente no sistema nervoso (neurotransmissores). Dentre eles temos a noradrenalina e a serotonina. A deficiência de estrógenos leva à redução na produção desses transmissores químicos e isso pode desencadear estados depressivos ou até mesmo depressões graves.

Pacientes tratadas com medicamentos antidepressivos durante o climatério, precisarão de doses de 1 a 70% menores se ao mesmo tempo lhes prescreverem um tratamento de reposição hormonal com estrógeno.

Insônia

O problema da insônia tem várias causas, algumas das quais pertencem aos distúrbios típicos do climatério.

Entre elas, há tantos distúrbios físicos como palpitações cardíacas ou ondas de calor, especialmente ligados a suores noturnos, quanto a fatores emocionais: inquietação, humor depressivo e preocupações.

Além disso, a deficiência de estrógenos também influencia o centro do sono no diencéfalo. Quando os estrógenos deixam de atuar ali em quantidade suficiente, diminui a formação dos transmissores noradrenalina e serotonina (ver p. anterior). Esse mecanismo também contribui para o surgimento de distúrbios do sono.

Com isso, a duração média do sono é apenas um pouco menor: passa de sete horas e 35 minutos para sete horas e dez minutos. Decisiva é a modificação da qualidade do sono para pior. A duração média das fases de sono profundo é nitidamente menor; muitas mulheres já nem conseguem chegar à fase de sono mais profundo. Também a duração das fases de sonho e a sua distribuição ao longo do repouso noturno se modifica. Em geral, o sono se torna mais superficial, dando ensejo a distúrbios, e perceptivelmente menos recuperador para o corpo e a psique.

> Um passeio ao ar livre provoca um cansaço saudável

Esses distúrbios do sono estão, em alguns casos, na raiz do abuso prolongado de remédios para dormir. É de grande importância lutar desde o início contra esses remédios, pois os soníferos não devem tornar-se a solução para os problemas de distúrbio do sono!

O que ajuda contra distúrbios do sono:

- Atividade física, principalmente todas as formas de esporte de resistência, como natação, ciclismo ou caminhadas.
- Um passeio noturno antes de ir se deitar, em vez de um excitante filme de crimes na televisão ou uma discussão desgastante.
- Condições propícias ao sono requerem um aposento frio, uma cama confortável e roupas leves.
- Caso isso não seja suficiente, tratamentos com medicina alternativa podem ser uma grande ajuda: acupuntura, homeopatia ou outras medidas naturais, como, por exemplo, um banho alternando água quente e fria.

Cansaço

A insônia muitas vezes leva ao cansaço. A primeira medida contra o cansaço, portanto, deve ser providenciar as condições ideais para dormir o suficiente.

Em muitos casos outra causa do cansaço é a anemia, provocada por sangramentos mensais freqüentes demais, longos demais ou demasiado abundantes. Nesses casos, o ginecologista é o consultor apropriado, pois ele pode aconselhar e prescrever um tratamento adequado. Conforme cada caso, ele pode prescrever remédios à base de ferro, controlar a intensidade do sangramento com preparados à base de hormônios ou, em casos excepcionais, recomendar procedimentos cirúrgicos, como a remoção do útero.

Desmotivação

Por desmotivação entende-se a generalizada falta de vontade de se ocupar intensamente com qualquer assunto particular ou profissional. A pessoa se abandona e deixa tudo seguir seu curso, sem conseguir decidir-se a retomar as rédeas de sua vida nas mãos. A desmotivação tampouco é um fenômeno isolado: com freqüência ela é a conseqüência de um humor depressivo, da insônia, do cansaço e de uma inquietação generalizada.

Sensação de tontura

As reações vegetativas que atingem principalmente os vasos sangüíneos não acontecem apenas nos vasos da pele, mas também em muitos outros vasos sangüíneos do corpo. Por isso, de vez em quando boa parte do volume de sangue pode "estacionar", levando a uma súbita queda da pressão, com tonturas ou mesmo um desmaio. Esse problema não atinge unicamente as mulheres no climatério. Mulheres muito mais novas, que tendem a reações vegetativas, têm de lutar contra ele. O que ajuda? Por certo lançar mão de gotas para circulação do sangue ou algum outro meio facilmente acessível é um caminho simples — mas infelizmente, também um caminho que promete apenas sucesso relativo a longo prazo. Um caminho muitas vezes bem-sucedido, porém muito mais difícil, é o da modificação dos hábitos de vida:

- Praticar regularmente esportes de resistência.
- Dominar o *stress* por meio do relaxamento obtido com a ginástica, a yoga ou o treinamento autógeno.

- Uso moderado de nicotina e álcool (contra um "copinho" ocasional nada há a objetar, por certo).
- Usar métodos de cura naturalista, especialmente os banhos alternados de Kneipp (ver p. 107).

Palpitações

Estas também não são raras, porém em geral trata-se de distúrbios inofensivos do coração, uma conseqüência de reações vegetativas dos vasos sangüíneos.

Mas quando esse problema assume o primeiro plano, é sempre necessário fazer o exame adequado de eletrocardiograma a fim de reconhecer com segurança se existe alguma doença cardíaca orgânica, para poder tratá-la convenientemente. Na maioria das vezes é necessário um tratamento medicamentoso prescrito por um cardiologista.

Em caso de distúrbios circulatórios, não lance mão automaticamente de medicamentos!

Irritabilidade

Durante o climatério, não são poucas as mulheres que se queixam de uma irritabilidade até então incomum. Esta também é provocada pelas modificações hormonais. As causas, em princípio, são as mesmas responsáveis pelo humor depressivo — com a diferença de que, neste caso, o neurotransmissor decisivo é o aminoácido Gama.

Enxaquecas e dores de cabeça

Há tempo conhecemos as dores de cabeça provocadas por hormônios. Algumas mulheres se queixam de ter dores de cabeça quando tomam a "pílula"; outras sofrem do mesmo mal durante a menstruação e, outras ainda, têm típicos ataques de enxaqueca. Mas esses distúrbios também podem ocorrer durante as modificações hormonais do climatério. Melhor do que uma prolongada ingestão de analgésicos de dosagem relativamente alta (provavelmente por conta própria, sem prévia consulta ao médico) é tratar o mal a partir de suas causas: pela reposição dos hormônios sexuais femininos faltantes, os estrógenos. Para enxaqueca e dores de cabeça, há tratamentos alternativos como a acupuntura auricular ou corporal. Os analgésicos só devem ser utilizados quando os distúrbios persistirem apesar das medidas acima citadas.

> **IMPORTANTE**
>
> *As dores de cabeça surgem em qualquer idade, independentemente das modificações hormonais, talvez devido a alterações doentias das vértebras cervicais e à má postura crônica.*
>
> *Por isso, convém que um ortopedista seja consultado para esclarecer as causas e determinar o tratamento.*
>
> *Justamente as dores de cabeça devidas a problemas ortopédicos são tratadas com sucesso pela acupuntura, terapia neural ou quiroprática.*

Prisão de ventre

Ainda não se pesquisou o quanto o aumento da preguiça intestinal é provocado pelo climatério. Seja como for, fatores como a falta de movimento e uma dieta pobre em vegetais fibrosos contribuem essencialmente para a prisão de ventre.

Também neste caso devemos avisar que não se deve procurar a solução mais fácil, combatendo a preguiça intestinal com remédios vendidos sem receita. Esses medicamentos podem ter efeitos colaterais negativos ao longo do tempo. O intestino fica cada vez mais preguiçoso e dependente de remédios.

> **DICA**
>
> O que ajuda em caso de prisão de ventre:
> - Mudança da dieta usando alimentos ricos em fibras, frutas e verduras e evitando gorduras animais (ver p. 121).
> - Exercício: o melhor são os esportes de resistência.
> - Uma medida adicional pode ser a acupuntura.

Distúrbios da bexiga

Quase toda mulher com mais de 55 anos se queixa desses distúrbios e se sente prejudicada em suas atividades na vida diária. Mas como ainda é tabu falar sobre o assunto, nem todas as mulheres vão ao ginecologista com essa queixa, embora hoje existam boas possibilidades de tratamento.

Não são poucas as mulheres que se queixam de bexiga fraca no climatério

A mucosa da bexiga feminina também reage aos hormônios sexuais femininos. Quando esses hormônios deixam de ser formados em quantidade suficiente, a mucosa da bexiga torna-se mais fina, mais sensível e mais vulnerável. Podem surgir inflamações, mas também, independentemente destas, uma irritação da bexiga. Algumas mulheres têm problemas com a necessidade involuntária de urinar, que pode levar à emissão incontrolável de urina. Muitas vezes esses males melhoram assim que são repostos os estrógenos faltantes.

Com a emissão involuntária da urina pode surgir também um prolapso da bexiga. Este, na verdade, não é provocado pelas modificações do climatério, mas muitas vezes se torna mais perceptível nessa idade ou pouco depois. As causas dessa queda da bexiga são uma tensão forte ou prolongada na musculatura da bacia, devido, por exemplo, a vários partos, ao trabalho físico pesado, à tosse contínua em pacientes asmáticas ou em fumantes inveteradas, ou devido ao excesso de peso. Também uma fraqueza congênita dos tecidos conjuntivos pode levar a isso.

Muitas vezes uma ginástica pélvica ou uma estimulação muscular objetivada (eletroestimulação) podem propiciar uma melhora considerável (ver pp. 109 s.). Depois do climatério, o tratamento do prolapso da bexiga deve ser complementado pela prescrição de preparados estrogênicos. Esses preparados à base de estrógenos também podem ter uso tópico, como supositórios ou comprimidos vaginais. Se os distúrbios forem muito pronunciados e houver um nítido prolapso da parede que separa a vagina da bexiga, deve-se optar por uma cirurgia (ver pp. 114s.).

> A mulher pode evitar a fraqueza da bexiga por meio de exercícios pélvicos

Incontinência urinária

À medida que envelhecem, muitas mulheres sofrem com a emissão involuntária da urina (incontinência urinária).

As mulheres são as vítimas mais freqüentes das chamadas incontinência de esforço e incontinência imperativa.

Por "incontinência de esforço" entende-se a emissão involuntária de urina ao tossir, espirrar, rir, possivelmente ao subir escadas ou andar. Quase sempre a causa é um prolapso da parede que divide a vagina da bexiga, que leva a distúrbios funcionais do esfíncter da bexiga.

Quando a pressão sobre uma bexiga mais ou menos cheia se torna grande demais, por exemplo, ao tossir ou rir, o esfíncter não consegue mais cumprir sua função e há emissão involuntária de urina.

Quando os males e o prolapso da bexiga ainda não são tão graves, pode-se ajudar bastante na cura por meio de ginástica pélvica e eletroestimulação dos músculos pélvicos. Assim, a cirurgia pode ser evitada. Um tratamento de reposição hormonal é um apoio útil porque leva à formação de uma mucosa mais forte na bexiga e na uretra, e a um maior preenchimento dos vasos sangüíneos ao redor da uretra. A grossura da mucosa e a irrigação sangüínea desempenham um papel importante no fechamento da bexiga.

Em muitos casos, seja como for, é necessária uma cirurgia a fim de remediar o prolapso e permitir um fechamento efetivo da bexiga. Neste caso, os hormônios atuam apoiando o tratamento. Por si mesmos, os hormônios não eliminam as causas da doença.

No caso da "incontinência imperativa", há vontade forte e súbita de urinar, em intervalos irregulares — mesmo quando a bexiga está vazia. Essa vontade pode ser tão forte que involuntariamente provoca a emissão da urina sem que a pessoa possa evitá-la: nesse caso, fala-se de uma vontade imperativa de urinar.

Desaconselha-se uma cirurgia no caso de incontinência urinária de esforço

Uma causa freqüente dessa incontinência imperativa é a deficiência de estrógenos, pois as membranas mucosas da bexiga e da uretra dependem desse hormônio. A reposição hormonal pode trazer uma melhora visível e muitas vezes até uma cura total. Uma operação contra esse tipo de incontinência não é recomendável e pode piorar os distúrbios, em vez de causar uma melhora.

Ao lado da deficiência hormonal, ainda existem outras causas para a incontinência imperativa, que o seu ginecologista deverá sempre levar em consideração: inflamações da bexiga, cálculos vesicais, tumores da bexiga, doenças neurológicas ou causas psíquicas.

Problemas com a sexualidade

Nossa vida sexual é influenciada em grande medida pelos hormônios. No caso da mulher, é principalmente pelos estrógenos, mas também, se bem que em quantidades mínimas, pelos hormônios masculinos presentes (androgênio), que são importantes. O climatério não deve significar o fim da vida sexual. A vida sexual também continua depois do climatério.

Mas, se lhe faltar totalmente a vontade de fazer sexo e a mulher sofrer com isso, muitas vezes é útil a reposição dos estrógenos faltantes.

Esse problema é conhecido também por mulheres mais jovens que tomam a "pílula". Muitos preparados levam algumas mulheres a uma inibição tão grande do desejo sexual, que elas se perguntam para que, afinal, ainda tomam a pílula. A causa desta reação está no desequilíbrio entre o estrogênio e os hormônios do corpo lúteo (progesterona).

Depois do climatério, tornam-se com freqüência perceptíveis os problemas durante o ato sexual. As mulheres se queixam com demasiada freqüência de uma vagina ressecada. A flexibilidade da vagina também diminui. A parede vaginal se torna mais fina e vulnerável. Todas essas modificações são provocadas pela deficiência de hormônios e melhoram rapidamente depois da reposição do estrogênio faltante, porque o tecido vaginal é rico em receptores de estrógenos e porque a vagina necessita de uma quantidade suficiente de estrógenos para um desenvolvimento e funcionamento normais.

Alterações na pele

Depois do climatério, a pele perde elasticidade e, além disso, torna-se mais fina. As células da pele retêm menos água. A produção de sebo diminui, a pele tende a tornar-se seca e fica generalizadamente mais vulnerável.

A essas modificações soma-se, entre outras, a inversão do metabolismo da albumina. É destruída mais albumina corporal do que criada (situação do metabolismo catabólico). Essa é a conseqüência de uma formação menor de fatores de crescimento, devido à deficiência de estrógenos.

Em contraposição à secura da pele do corpo, pode haver no rosto e na cabeça uma produção maior de sebo (seborréia). Esse é o resultado da modificação do equilíbrio entre o estrogênio e o androgênio, em favor deste último. Uma reposição precoce dos estrógenos, no climatério e depois dele, pode contribuir para mitigar essas modificações da pele, às vezes até impedir que ocorram.

Como proteger sua pele:

- Proteja sua pele contra o excesso de sol e não tome banhos prolongados de sol, buscando a sombra com freqüência. Ao passar as férias em países quentes, use roupas leves, de fibras naturais.
- Lide cuidadosamente com produtos que tenham um forte efeito danoso sobre a pele, como solventes, corantes e materiais de limpeza.
- Cuidado com sabões e detergentes aos quais tenha intolerância; se algum produto de limpeza causar reações de pele incomuns (vermelhidões, coceiras, pequenas bolhas), mude imediatamente de produto.
- Evite o cigarro. A nicotina faz a pele envelhecer mais cedo.
- Beba água suficiente: dois bons litros de água mineral por dia.
- Use sabonetes hidratantes e, de vez em quando, substitua o chuveiro diário por um banho de imersão com óleos.
- Use cosméticos comedidamente. A maioria dos cosméticos contém diversas substâncias — por exemplo, conservantes e álcool — que ferem a pele ou provocam alergias.

Queda de cabelo e crescimento de pêlos

Esse tipo de problema pode ser atribuído ao desequilíbrio entre o estrogênio e o androgênio, com predomínio deste último. Acontece então a queda de cabelo — especialmente as chamadas "entradas" — e também o discreto mas também perceptível e perturbador crescimento de pêlos no rosto — o "buço"; o crescimento dos pêlos do corpo aumenta, inclusive nos seios. Como essas modificações são provocadas pelos hormônios, nesses casos convém fazer um tratamento com estrógenos e especialmente com os hormônios sexuais masculinos, que agem no sentido oposto. O importante é começar esse tratamento bem cedo, porque a queda dos cabelos pode ser sustada, mas é irreversível. Os distúrbios dos pêlos no corpo e no rosto, bem como o aumento da produção de sebo ou a acne podem ser tratados com sucesso na maioria dos casos, reduzindo-se os pêlos à medida normal.

> No caso de queda de cabelo, é importante começar cedo o tratamento com hormônios

Modificações do metabolismo e seu significado

Descalcificação dos ossos — osteoporose

Depois do climatério, as mulheres — bem mais do que os homens da mesma idade — sofrem um distúrbio na estrutura óssea: a osteoporose. Ela causa dores nos ossos, especialmente na área da coluna, e é motivo de inúmeras fraturas. A típica fratura do fêmur, sofrida com mais freqüência por mulheres idosas do que por homens idosos, na maioria dos casos é conseqüência da osteoporose.

A osteoporose provoca não somente um risco maior de sofrer uma fratura, mas pode levar a fortes dores. Trata-se principalmente de dores na coluna, sobretudo na região lombar e do sacro, mas também nos quadris e joelhos.

A osteoporose aumenta o risco de fraturas

O que é osteoporose?

Por osteoporose (osso poroso) entende-se uma perda da massa óssea, ligada a distúrbios da estrutura e funcionamento ósseos. Eis uma definição que não é totalmente correta, porém compreensível: uma descalcificação dos ossos.

A osteoporose surge em todos os ossos do corpo, mas sobretudo produz fortes dores nos ossos mais sobrecarregados.

Sabe-se hoje que a deficiência de hormônios sexuais femininos contribui essencialmente para o surgimento da osteoporose nas mulheres. Esses hormônios estimulam as células formadoras do tecido ósseo e inibem aquelas que podem degradá-los. Além disso, influenciam aqueles hormônios que por sua vez regulam a economia de cálcio do corpo e, conseqüentemente, o cálcio dos ossos. O cálcio é armazenado nos tecidos ósseos e contribui consideravelmente para a sua estabilidade.

A deficiência de hormônios sexuais femininos leva a um distúrbio do metabolismo ósseo. Um terço das mulheres desenvolve uma osteoporose pronunciada, com seus problemas e riscos.

Infelizmente, quatro mulheres em cada cinco ainda vêem a osteoporose como uma doença inevitável. Na verdade, porém, essa doença pode ser evitada em mais da metade dos casos. Nos outros casos, os males e riscos, em especial o risco de fraturas, podem ser significativamente reduzidos. Uma medida básica para a prevenção da osteoporose, e também para o tratamento de uma osteoporose já existente, é a reposição dos hormônios sexuais femininos. Mas o médico deve levar em conta que nem todos os estrógenos agem sobre o metabolismo. O estriol, usando com freqüência no tratamento tópico em forma de supositórios ou creme vaginal, não produz nenhum efeito nesses casos. Os outros estrógenos naturais atuam influenciando as células responsáveis pela produção e degradação dos ossos. Além do grande significado pessoal para cada mulher, a osteoporose tem um imenso significado sócio-econômico que, diante da atual situação da saúde pública, não pode deixar de ser mencionado: o tratamento da osteoporose e de suas complicações custa alguns milhões por ano, ao passo que a substituição hormonal, numa campanha bem divulgada, custaria apenas uma parcela dessa quantia.

A osteoporose não é um destino inevitável

Outras causas e possibilidades de tratamento da osteoporose

A deficiência de estrógenos, entretanto, não é o único distúrbio causador da osteoporose. Outras causas também são conhecidas:

- Falta de exercícios, imobilização.
- Alimentação deficiente, especialmente a falta de cálcio e vitamina D.
- Doenças do trato intestinal, com problemas de absorção de cálcio e vitamina D.
- Doenças renais. Efeitos prolongados da elevação da porcentagem de cortisol [hormônio secretado pelo córtex suprarenal] no corpo; também no quadro de um tratamento de cortisona.
- Disfunção na tireóide.
- Tratamento prolongado com heparina [polissacarídeo anticoagulante] para impedir a formação de coágulos sanguíneos.

A adição de estrogênio e progesterona não é a única possibilidade para tratamento de uma osteoporose já instalada. Existem as seguintes possibilidades à sua disposição:

- Fisioterapia e terapia cinestésica.
- Treinamento do andar e da postura.
- Ingestão de cálcio de 1.000 a 1.500 miligramas por dia.
- Tratamento com bifosfonatos: uma semana de tratamento com infusões ou comprimidos, seguida de algumas semanas de pausa.
- Calcitonina, o hormônio que estimula o armazenamento de cálcio nos ossos.
- Fluoretos, que também podem ser armazenados nos ossos para provocar uma estabilização dos mesmos. Se forem

Existe uma série de possibilidades terapêuticas para a osteoporose

ministrados em excesso, muitas vezes provocam dores nos ossos e nas articulações.

Como você pode impedir ativamente a osteoporose?

Também para a prevenção (profilaxia) da osteoporose não existe apenas a reposição hormonal.

Você pode prevenir ativamente uma osteoporose

- Por meio de movimento suficiente: ginástica, natação, ciclismo e outras atividades esportivas.
- Por meio de uma dieta equilibrada com frutas, legumes, saladas, alimentos integrais e laticínios.
- Eventualmente, por meio da ingestão adicional de uma grama de cálcio por dia (mas convém falar antes com seu médico sobre isso!)
- Evitando a nicotina, o álcool e a cafeína (também contida nos refrigerantes.)
- Evitando dietas radicais.
- A vitamina D e outros preparados vitamínicos, por certo só devem ser usados em casos específicos e depois de uma conversa com o médico.

Modificações nos vasos sangüíneos

Chama a atenção o fato de as mulheres, antes do climatério, sofrerem menos infartos cardíacos ou apoplexias do que os homens da mesma idade — e o fato de, depois do climatério, rapidamente "igualarem" a média. No grupo de pessoas entre 40 a 44 anos de idade, 8% dos homens são vitimados, contra apenas 4% das mulheres; no grupo etário de 50 a 54 anos,

MENOPAUSA — FASE DE TRANSIÇÃO?

são 16% dos homens, e apenas 6% das mulheres; no grupo de 65 a 69 anos, ao contrário, cerca de 20% das pessoas sofrem infarto ou apoplexia, independentemente do sexo.

Esta observação nos permite supor que os hormônios sexuais femininos também têm um significado importante para os vasos coronários e para os vasos sangüíneos do cérebro. Enquanto isso, podemos comprovar que o armazenamento de substâncias do metabolismo das gorduras nas paredes arteriais pode influenciar a arteriosclerose (calcificação dos vasos) e a regulação do diâmetro dos vasos, através do estrogênio. Assim, o estrogênio atua por intermédio de diversos mecanismos, protegendo os vasos:

- Interfere no metabolismo dos hormônios histogênicos, que atuam nas paredes dos vasos sangüíneos (Prostaciclina e Tromboxane.)
- Impedem a formação de coágulos sangüíneos nas plaquetas do sangue.
- Interfere no metabolismo do colesterol e suas albuminas de transporte. As lipoproteínas de baixa e média densidade são eliminadas mais rapidamente do que as de alta densidade.
- O colesterol de baixa densidade favorece o surgimento de modificações nas paredes dos vasos; o colesterol de alta densidade as evita.
- Os estrógenos aceleram a destruição das gorduras alimentares na corrente sangüínea, à medida que estimulam os necessários receptores das células do fígado.
- Eles atuam diretamente nas paredes dos vasos sangüíneos, por meio do aumento da produção de monóxido de nitrogênio, que dilata os vasos.
- Eles atuam controlando o fluxo de cálcio nas células dos vasos sangüíneos e nos músculos do coração, desta forma diminuindo a pressão do sangue e o uso de oxigênio pelos músculos cardíacos.

Os estrógenos protegem os vasos sangüíneos

Modificações nos órgãos sexuais

Os órgãos sexuais internos e externos são influenciados pelos hormônios. Assim, no climatério, chama-nos a atenção que nos genitais externos a pele se torna mais fina e vulnerável, ficando algumas vezes, no entanto, muito rígida. Isso pode fazer com que os pequenos lábios desapareçam quase que totalmente. A pele da vagina fica mais fina e é menos irrigada pelo sangue. Isso torna a vagina mais seca e também facilmente sujeita a lesões. As modificações podem chegar ao ponto de levar a uma verdadeira inflamação da vagina, provocada unicamente pela deficiência de hormônios. Elas provocam problemas muito desagradáveis durante o intercurso sexual, de modo que o desejo sexual declina rapidamente.

Essas modificações respondem rapidamente a um tratamento com estrógenos. Um tratamento como esse também pode ser feito localmente, por meio de supositórios ou cremes vaginais que contenham estrógenos. As modificações dos órgãos sexuais internos fogem ao nosso olhar, naturalmente. O que por certo chama a atenção é que a menstruação pára e, portanto, as modificações cíclicas da mucosa do útero deixam de ocorrer. Além disso, o útero se torna visivelmente menor. O mesmo vale para os ovários e as trompas. Todas as mudanças, exceto esta última, retrocedem quando há reposição dos estrógenos faltantes. Mulheres que usam hormônios durante e depois do climatério podem voltar a ter menstruações regulares.

A deficiência de hormônios torna a pele da vagina mais sensível

O Tratamento com Hormônios

Por Que Fazer Reposição Hormonal?

Já está comprovado que a maioria dos males típicos que afetam as mulheres no climatério se deve à deficiência de hormônios sexuais femininos (estrógenos). Mas assim como reconhecemos essa nítida relação de causa e efeito, também é possível deduzir um tratamento eficaz. E esse tratamento consiste em repor os hormônios sexuais femininos que faltam. As mulheres que se submetem a esse tratamento têm várias vantagens, sob muitos pontos de vista:

- Os distúrbios da menstruação se regularizam.
- As ondas de calor desaparecem, bem como os suores conseqüentes.
- Também os outros distúrbios vegetativos retrocedem ao segundo plano: enrubescimento, tonturas, palpitações e batimentos cardíacos acelerados.
- Melhoram as dores de cabeça provocadas pela deficiência hormonal, os ataques de enxaqueca freqüentes no climatério se tornam mais raros e, na maioria das vezes, desaparecem por bastante tempo.
- Também os poucos males que não são de origem física, e sim mental, mostram uma nítida melhora ou podem ser totalmente evitados, como, por exemplo, a depressão, a irritabilidade, as oscilações do humor e distúrbios do sono.
- Não ocorrem modificações nos órgãos sexuais.
- A descalcificação dos ossos pode ser evitada em grande escala.

Ainda há muito preconceito contra a reposição hormonal

- O efeito protetor dos estrógenos sobre o coração e a circulação sangüínea é mantido.
- Até esta data foram feitos estudos que indicam que as mulheres que tomam estrógenos são mais raramente atingidas pelo Mal de Alzheimer (ver p. 70). Outros estudos chegaram à conclusão de que o início dessa doença pode ser evitado pelo uso de hormônios, embora apenas o adie por uma década.

O tratamento hormonal como importante medida preventiva

Em geral, a reposição hormonal para a mulher no climatério e nos anos subseqüentes é uma das medidas preventivas mais importantes, uma vez que, do ponto de vista da medicina atual, impede ou ao menos diminui os males. Além disso, a reposição hormonal tem ainda um caráter preventivo em relação a algumas doenças graves muito freqüentes: a osteoporose (descalcificação dos ossos) e as doenças circulatórias e cardíacas em geral.

Vozes de alerta e recusa ao tratamento de reposição hormonal

Muitos dos argumentos contra a reposição hormonal já não têm mais base científica

Embora as vantagens da reposição hormonal tenham sido cientificamente comprovadas, ainda há vozes discordantes. O tratamento costuma ser recusado pelos seguintes motivos:

- As mulheres envolvidas não conhecem as inter-relações entre seus males e a deficiência hormonal.
- A reposição hormonal é vista como algo não-natural.
- As mulheres envolvidas têm medo de que a reposição hormonal provoque câncer (ver pp. 78s.).

- As instruções na bula do remédio deixam as mulheres inseguras.
- Elas têm medo de engordar.
- Elas receiam o sangramento mensal provocado pelo tratamento com hormônios.

Pesquisas recentes demonstraram que três entre cinco mulheres nem sequer sabem como é possível tratar os males do climatério de forma eficaz. Na Alemanha, uma mulher em cada cinco toma hormônios sexuais femininos para repor os que faltam. Esse número está acima da média da Europa Ocidental. Na França, por exemplo, menos de uma em cada dez mulheres recebe essa reposição hormonal.

Porém, deve-se lembrar que na Alemanha muitas mulheres recebem tranqüilizantes para tratar os males do climatério — e podem tornar-se dependentes deles.

Em geral, as terapias com hormônios têm má fama

É incontestável que o conceito "hormônio" desperta associações negativas na consciência de muitas pessoas. Logo se pensa em preparados à base de cortisona e nos efeitos colaterais que eles provocam, sem perceber que há um grande número de hormônios, que têm efeitos e significados bem diferentes em nosso corpo.

Além disso, na nossa sociedade moderna há uma tendência a nos distanciarmos da medicina acadêmica e procurarmos os métodos da medicina alternativa. Este desenvolvimento por certo é compreensível se levarmos em conta dois pontos de vista:

Por um lado — justamente no âmbito das doenças crônicas —, as possibilidades da nossa medicina acadêmica tornam-se cada vez mais nítidas sobretudo quando nos defrontamos com as imensas possibilidades da medicina intensiva. Há muitas pacientes que só podem receber pouca ajuda para seus sofrimentos — especialmente no caso das doenças do aparelho locomotor, doenças neurológicas, alergias e doenças da pele. No entanto, diariamente lemos e ouvimos falar da medicina de alta tecnologia, de transplantes e cirurgias complicadas, de órgãos artificiais e novos medicamentos. Esses contrastes fizeram com que muitos se tornassem céticos com relação à medicina acadêmica.

Por outro lado, sabemos também que não existe quase nenhum remédio que não tenha efeitos colaterais e nenhuma operação sem riscos. Mas é exatamente isso que promete a naturopatia, a homeopatia e a acupuntura: uma medicina experimental que — nem sempre, mas em alguns casos — ajuda sem causar danos.

As associações vagas, porém desagradáveis, que ligamos ao conceito "hormônio" permitem que a importância da medicina alternativa seja cada vez mais significativa.

Muitas mulheres já passaram pela experiência de serem ajudadas por remédios homeopáticos ou fitoterápicos, pela acupuntura ou pela naturopatia. Mas esses métodos ainda não influenciam a descalcificação óssea nem as modificações nos vasos sangüíneos. E é justamente essa ação preventiva que faz da reposição hormonal um valioso complemento da nossa medicina moderna.

A reposição hormonal serve para qualquer mulher?

As mulheres que estão acima do chamado peso normal muitas vezes produzem, durante e também depois do climatério, um número suficiente de estrógenos, pois determinadas enzimas no tecido adiposo podem transformar os hormônios sexuais masculinos — que toda mulher produz no córtex das supra-renais — em hormônios sexuais femininos. E quanto mais tecido adiposo existir, tanto mais hormônios podem ser transformados.

Por outro lado, há mulheres às quais temos de aconselhar com urgência que obtenham uma receita de hormônios e os tomem regularmente.

Dentre elas, estão:

- todas as mulheres que, já antes do início do climatério, precisaram remover os ovários;
- mulheres com peso abaixo do ideal, ou mesmo com peso ideal, que são fumantes inveteradas;
- mulheres com histórico familiar (no lado materno) de osteoporose ou, de modo geral, com casos de infarto ou apoplexia na família.

> Algumas mulheres deveriam tomar hormônios com urgência

Quais os hormônios prescritos?

Entre os "hormônios", há muitas substâncias que se diferenciam em sua estrutura química, em seu efeito no organismo e, especialmente, também nos possíveis efeitos colaterais.

Os hormônios são mensageiros químicos que servem para transmitir informações no corpo. Assim, há um órgão hierarquicamente superior que controla ou regula um ou vários órgãos ou tecidos de cada vez, servindo-se de um desses transmissores. O hormônio é liberado no sangue e dessa forma chega ao órgão ou órgãos desejados. Estes possuem determinadas estruturas celulares — os receptores — que reconhecem o hormônio no sangue e podem assimilá-lo. Um hormônio só pode atuar sobre um órgão ou tecido se ali houver receptores. Os hormônios têm de cumprir diversas e diferentes tarefas no nosso corpo. Contar e descrever todos os hormônios conhecidos e seus efeitos extrapolaria o âmbito deste livro. Mencionaremos apenas alguns: a insulina, segregada pelo pâncreas, o hormônio da tireóide, a cortisona das supra-renais; o hormônio do crescimento (liberado pela glândula pituitária, a hipófise), a aldosterona, formada nas supra-renais e que regula o equilíbrio do sal no corpo.

Os estrógenos receitados no tratamento de reposição hormonal

Comprimidos
Estradiol	2 mg ou 4 mg
Valerato de Estradiol	1 mg ou 2 mg*
Estrógenos conjugados	0,3 mg, 0,6 mg ou 1,25 mg
Estriol	0,35 mg ou 2 mg
Succinato de Estriol	2 mg

Para impedir uma osteoporose, são necessárias as seguintes doses mínimas:

Estradiol	1 a 2 mg diariamente
Valerato de Estradiol	1 a 2 mg diariamente
Estrógenos conjugados	0,625 mg diariamente

Supositórios de hormônios
Estradiol	2 mg, 4 mg ou 8 mg a cada três ou quatro dias

Injeções de hormônios
Valerato de Estradiol	10 mg

A reposição hormonal já está em uso na medicina há longo tempo e é conhecida também pelos leigos. Especial significado tem o tratamento de pacientes diabéticos com a insulina, hormônio formado no pâncreas e que regula o açúcar no sangue, e a reposição dos hormônios da tireóide.

---

* Um éster do estradiol $C_{23} H_{32} O_3$; pó claro e cristalino; injetável.

Os hormônios sexuais femininos

Os hormônios sexuais femininos, os estrógenos, são quase que exclusivamente produzidos pelos ovários. Distinguimos três diferentes estrógenos: estradiol, estrona e estriol.

O estrógeno mais importante e biologicamente mais eficaz é o estradiol. Em contrapartida, na gravidez é formado sobretudo o estriol; o nível hormonal do sangue da futura mamãe mostra ao médico a atividade funcional da placenta. Mas o estriol não tem nenhum efeito protetor sobre os vasos sangüíneos e nenhum efeito preventivo contra a osteoporose.

Nos tratamentos com reposição hormonal, costuma-se usar o estradiol ou um estrógeno natural que faça o mesmo efeito (estrógenos conjugados). Ao lado dos estrógenos, o corpo feminino também produz os hormônios do corpo lúteo (progestágenos), dos quais o mais importante é a progesterona. Ela também é produzida pelos ovários e, em primeiro lugar, depois da ovulação, portanto, na segunda metade do ciclo. Ela prepara o corpo para uma possível gravidez, contribuindo na verdade para sua continuidade.

Se não ocorrer a fertilização e, conseqüentemente, não acontecer a gravidez, a produção de progesterona é drasticamente reduzida. Isso provoca a menstruação, um sangramento da mucosa do útero causado pela retirada da progesterona.

> Uma redução na produção de progesterona libera a menstruação

Estrógenos naturais e sintéticos

Nos tratamentos de reposição hormonal, são usados como estrógenos naturais o estradiol e o estriol. Além disso, desenvolveram-se substâncias sintéticas que atuam como estrógenos: os estrógenos sintéticos, que são essencialmente mais fortes do que os naturais; o etinilestradiol está presente em quase todas as pílulas anticoncepcionais.

> A reposição hormonal é bem-sucedida com estrógenos naturais

Diversos tipos de progestágenos

Além da progesterona, foram sintetizados outros progestágenos. Alguns deles derivam quimicamente da própria progesterona; outros, ao contrário, dos hormônios sexuais masculinos. Estes progestágenos têm diferentes perfis de atuação. Fazem parte da composição de pílulas anticoncepcionais, mas também agem na regularização do ciclo menstrual, em determinados casos de gravidez precoce e complementam a reposição hormonal.

Reposição hormonal e pílula anticoncepcional

A reposição dos hormônios sexuais femininos e a contracepção hormonal têm uma coisa em comum: em ambos os casos são ministrados hormônios sexuais femininos. Porém, muito mais significativas são as diferenças. Por um lado, é imprescindível acrescentar-se também um progestágeno para evitar a gravidez, pois esse hormônio impede a ovulação. Por outro lado, quase todas as pílulas anticoncepcionais contêm o etinilestradiol (sintético) que se distingue nitidamente dos estrógenos naturais. Na reposição hormonal durante e após o climatério, só devem ser prescritos estrógenos naturais, pois um hormônio sintético como o etinilestradiol atua de modo bem diferente no organismo e no metabolismo do que os estrógenos naturais. Ele atua por mais tempo e mais intensamente sobre as células hepáticas, onde é mais difícil eliminá-lo, o que representa uma carga maior para o fígado e pode ser perigoso se houver outros males hepáticos. Além disso, o etinilestradiol estimula a formação de fatores coagulantes e assim pode aumentar o risco de formação de coágulos sangüíneos.

O problema: a bula

Infelizmente, as bulas que acompanham vários remédios para reposição hormonal continuam mencionando os mesmos efeitos colaterais e precauções que constam nas bulas de pílulas anticoncepcionais. Isso é falso, visto que a reposição hormonal é feita com estrógenos naturais e não com o etinilestradiol. Esses estrógenos naturais atuam no corpo da mesma maneira que aqueles hormônios que durante décadas foram produzidos pelos ovários.

Por que levar insegurança às pacientes por meio da bula? Como toda firma que fabrica e vende remédios não deseja correr riscos, em muitas bulas há indicações que são praticamente inúteis.

O conhecimento dos estrógenos naturais aumentou bastante nos últimos anos. Muitos dos efeitos colaterais mencionados nas bulas são aconselháveis segundo pesquisas modernas no caso de reposição hormonal.

Fica um conselho: se durante e depois do climatério o seu ginecologista prescrever hormônios sexuais femininos, pergunte-lhe tudo o que quiser saber. Não permita que as bulas a deixem insegura!

Pergunte ao seu ginecologista

Efeitos Favoráveis da Reposição Hormonal

Melhora dos males do climatério

Como primeiro e mais visível efeito positivo da reposição hormonal, os males típicos do climatério diminuem perceptivelmente dentro de poucas semanas. Eles não desaparecem completamente em todos os casos, mas surge quase sempre uma nítida melhora e alívio para as mulheres envolvidas. As ondas de calor surgem menos vezes e são mais fracas; isso também vale para todos os outros males causados pela deficiência hormonal, como o nervosismo e as oscilações de humor, entre outros.

Em poucas semanas, a reposição hormonal leva a uma nítida melhora dos males

A diferença para outras alternativas de tratamento

Os estrógenos não provocam apenas uma nítida melhora dos males, eles também têm um efeito preventivo e protetor que, de início, é imperceptível, mas pode se tornar muito significativo mais tarde. É nisso que o tratamento de reposição dos hormônios sexuais femininos se distingue das outras possibilidades de tratamento dos distúrbios do climatério. É verdade que alguns preparados fitoterápicos, sem hormônios, também fazem um ótimo efeito. Há a acupuntura e a homeopatia; as possibilidades da naturopatia no sentido mais restrito, com curas e banhos. Todos esses procedimentos podem ser de grande ajuda nos distúrbios do climatério (ver pp. 97ss.).

Mas a todos esses métodos falta o múltiplo efeito preventivo dos estrógenos.

Reposição hormonal para prevenção e tratamento da osteoporose

Com a reposição dos hormônios sexuais femininos, pode-se prevenir com grande eficácia uma diminuição da massa óssea no futuro, pois aqueles inibem as células responsáveis pela destruição dos ossos e interferem regulando os hormônios que controlam o teor de cálcio nos ossos (calcitonina e paratormônio). O efeito é tanto melhor quanto mais cedo o tratamento de reposição for iniciado. É justamente nos primeiros anos depois da queda da produção de hormônios nos ovários que ocorrem as grandes modificações nos ossos. Com estrógenos, porém, não só é possível a prevenção, como também o tratamento de uma osteoporose. Por isso pode-se começar a reposição hormonal em qualquer idade. Seja como for, a ingestão de estrógenos não é tudo, ela representa apenas parte do tratamento — ainda que uma parte importante. Imprescindíveis são outras medidas: exercícios e fisioterapia, ingestão de cálcio, vitamina D e, ocasionalmente, também de preparados que contenham flúor. Além disso, foram desenvolvidos medicamentos especiais que apoiam a reconstrução da massa óssea perdida e podem sustar a destruição da massa óssea: bifosfonatos (agora também em comprimidos) e calcitonina.

Protegendo o coração com os estrógenos

Os estrógenos atuam diretamente sobre os vasos coronários e levam ao seu dilatamento, de modo que em determinado tempo cerca de 50% a mais de sangue flui por esses vasos e o coração é provido de oxigênio. Esse efeito é chamado pelos médicos de vasodilatação. Provou-se hoje em diversos estudos científicos que esse efeito se deve à ação dos hormônios sexuais femininos.

Com a ação dos estrógenos nos vasos sangüíneos, no músculo cardíaco, na pressão arterial e no metabolismo das gorduras (ver p. 53), é visivelmente menor o risco de que o músculo do coração receba uma quantidade diminuída de oxigênio, e conseqüentemente, é menor o risco de um infarto.

> Os estrógenos diminuem o risco de infarto

Os estrógenos e o metabolismo das gorduras

Os estrógenos influenciam positivamente o metabolismo das gorduras, pois:

- provocam uma diminuição do colesterol que está associado às lipoproteínas de baixa densidade e que favorece a arteriosclerose;
- provocam um aumento do colesterol que está associado às lipoproteínas de alta densidade;
- representam um fator de proteção contra a arteriosclerose; e
- uma destruição mais rápida das substâncias gordurosas (triglicerídeos) na corrente sangüínea.

Os estrógenos na prevenção da arteriosclerose

Pressão sangüínea elevada e níveis mais altos ou mais baixos de colesterol são importantes fatores de risco para o surgimento da arteriosclerose, que é um estreitamento dos vasos sangüíneos que transportam o oxigênio para os órgãos. Por in-

Alguns fatores de risco de arteriosclerose são influenciados positivamente pelos estrógenos

fluenciarem esses fatores de risco, os estrógenos têm um efeito protetor sobre as artérias. Dentre os fatores de risco que não são influenciados pelos estrógenos estão o consumo da nicotina, o *stress* e a falta de exercícios.

Na forma mais freqüente de apoplexia, os vasos sangüíneos que abastecem o cérebro de oxigênio apontam típicas alterações arterioscleróticas. Dessas alterações podem soltar-se pequenas e minúsculas partículas que são levadas pela corrente sangüínea. Então elas ficam presas em algum ponto de pequenos vasos sangüíneos do cérebro e os entopem.

Com isso, as células nervosas por trás delas não recebem mais oxigênio e morrem. Como os estrógenos podem proteger os vasos sangüíneos contra essas alterações arterioscleróticas, a ingestão de hormônios, portanto, diminui o risco de apoplexia.

Efeito protetor dos estrógenos no caso do Mal de Alzheimer

O Mal de Alzheimer é uma doença do cérebro, associada a uma crescente perda das células nervosas do córtex cerebral. O resultado é a demência, a "imbecilidade adquirida" — o contrário da deficiência mental congênita.

Com freqüência, o Mal de Alzheimer atinge mais as mulheres do que os homens. Em 1994, foi divulgado nos Estados Unidos um estudo que explicou pela primeira vez a inter-relação entre a deficiência de estrógenos e o Mal de Alzheimer. Nas regiões do cérebro especialmente atingidas por essa doença, há uma alta densidade de receptores de estrógenos. Já existem indicações claras de que o Mal de Alzheimer é mais raro em mulheres que tomam estrógenos, ou ao menos, surge bem mais tarde.

Os estrógenos ajudam no caso de incontinência urinária

A "incontinência urinária" pode ser melhorada com a reposição hormonal; muitas vezes basta esse tratamento para eliminá-la completamente (ver p. 44).

O caso é outro quando se trata da "incontinência de esforço": nesse caso, o tratamento com estrógenos ajuda, mas a causa em si não é eliminada (ver também pp. 43/44 e 109).

Significado para a vida sexual

Tampouco se deve esquecer que a reposição dos hormônios sexuais femininos tem um efeito importante sobre os órgãos genitais. Exatamente neles, os tecidos reagem com extrema sensibilidade a esses hormônios. A deficiência hormonal faz com que a pele se torne mais fina e vulnerável. Muitas vezes há secura da vagina e em certos casos podem surgir graves inflamações das paredes vaginais, que são determinadas unicamente pela deficiência hormonal. Isso tudo não só acarreta distúrbios, mas também influencia bastante a vida sexual das mulheres envolvidas, pois quando o ato sexual está associado ao mal-estar e à dor, a tendência é evitá-lo — mesmo quando o casal o deseja.

Por meio da reposição hormonal com preparados à base de estriol, pode-se obter ajuda eficaz. O estriol não atua sobre todos os tecidos e sobre o metabolismo, como os outros estrógenos naturais, e portanto, também pode ser usado por mulheres que não devem fazer o costumeiro tratamento de reposição hormonal.

O melhor é começar com a reposição hormonal já durante o climatério, antes que surjam as modificações orgânicas.

Preparados com hormônios para uso externo em casos de ressecamento vaginal

A reposição hormonal contribui para melhorar a qualidade de vida

A reposição dos hormônios sexuais femininos faltantes, portanto, não atua somente promovendo a saúde ou prevenindo doenças; ela contribui essencialmente para manter a qualidade de vida da mulher saudável, ou para melhorá-la. Além disso, muitos estudos comprovaram que a reposição dos hormônios sexuais femininos representa uma medida preventiva muito significativa e importante.

Efeitos Colaterais da Reposição Hormonal

Infelizmente, faz parte da realidade da medicina que não exista quase nenhum medicamento que não apresente efeitos colaterais. Quais os efeitos que podem ser provocados pela ingestão de estrógenos? Quais são os temores infundados a respeito deles? Nas páginas seguintes, você encontrará a resposta para essas perguntas.

Náuseas ao ingerir estrógenos

É certo que menos de 10% das mulheres que usam estrógenos na reposição hormonal, durante ou depois do climatério sentem náuseas e mais raros ainda são os vômitos. As mulheres mais afetadas são quase sempre, sem exceção, as que ingerem hormônios em forma de comprimidos.

Em muitos casos há uma melhora depois de alguns dias ou semanas. Quando não houver melhora, muitas vezes é bom mudar para outra forma de apresentação: os adesivos de hormônios possibilitam a ingestão dos hormônios através da pele, sem sobrecarregar o estômago, os intestinos e o fígado. A eficácia do medicamento não é alterada.

Aumento de peso

É cada vez mais difícil para as mulheres no climatério manter o peso. Nesse período elas engordam, mais ou menos, conforme o caso. Isso afeta tanto as mulheres que tomam hormônios como as que não o fazem. Já se sabia disso muito antes de os hormônios sexuais femininos estarem à disposição para o tratamento de reposição. A causa são as modificações no metabolismo, que se apresentam por volta dos 50 anos (ver pp. 34 ss.). Mesmo que não se mudem os hábitos alimentares e os alimentos, aparece um excedente de energia que não é usado e que, por isso, é transformado em gordura.

É um preconceito muito difundido que os hormônios engordam

Com a reposição hormonal propriamente dita, as mulheres aumentam no máximo de um quilo a um quilo e meio de peso, se já tiverem uma visível deficiência de hormônios. Pois os estrógenos fazem com que as células corporais armazenem novamente um conteúdo normal de líquido. Assim que esse estado normal for atingido, o aumento de peso cessa.

As regras menstruais

No caso de se começar a reposição de hormônios durante o climatério, em geral as menstruações continuarão durante alguns anos. Isso não é excepcional, pois a menstruação é apenas uma conseqüência da atuação dos hormônios sobre a mucosa do útero.

Ao receber o tratamento hormonal, a mucosa do útero não sabe diferenciar se esses hormônios atuantes provêm dos ovários ou se foram introduzidos de fora.

Para que a menstruação seja de fato regular, deve-se — mesmo que por outros motivos dos quais falaremos mais adiante — dar às mulheres que ainda têm o útero, um preparado hormonal em que os estrógenos sejam combinados com os progestágenos.

Se a reposição hormonal, no entanto, só for iniciada depois do climatério e da última menstruação, não devem ocorrer novos sangramentos menstruais. Preparados hormonais especiais contribuem, quando possível, dada sua composição, para que não surjam mais as regras. O seu ginecologista lhe receitará um desses preparados, conforme o caso.

Muitas vezes as regras se tornam irregulares no início do climatério. Muitas mulheres também têm menstruações excepcionalmente fortes que, em parte, podem levar a uma anemia característica. Em vários casos, a reposição hormonal provoca uma regularização das regras e uma redução da perda de sangue. Os distúrbios de que se queixam as mulheres envolvidas podem ser visivelmente melhorados. Nem todas as perturbações menstruais durante o climatério são causadas pela típica modificação do equilíbrio hormonal. É por isso que a reposição hormonal não ajuda em todos os casos. Tumores benignos ou malignos da mucosa uterina, coágulos localizados e módulos musculares na parede do útero também levam a sangramentos. Muitas vezes os medicamentos podem ajudar a coagulação do sangue na região do útero. Em outros casos, o ginecologista aconselhará um tratamento cirúrgico. Este pode ser uma histeroscopia, mas também a remoção de todo o útero (histerectomia).

Menstruações demasiado abundantes podem causar anemia

Crescimento de nódulos musculares no útero

Não só a mucosa do útero mas também os tecidos musculares do útero reagem aos hormônios. Em mulheres que desenvolveram nódulos musculares no útero (miomas), estes podem continuar crescendo com a ingestão de estrógenos. Os miomas são sempre benignos e não um câncer. Eles são encontrados em cerca de 25% das mulheres. Somente em casos raros —

MENOPAUSA — FASE DE TRANSIÇÃO?

cerca de 1% — ocorre a degeneração de um mioma, ou seja, o desenvolvimento de um tumor maligno.

Quando estes miomas provocam distúrbios, você precisa perguntar ao seu ginecologista se deve continuar tomando hormônios e esperar para ver como os distúrbios se desenvolvem. Em seu caso, talvez seja melhor renunciar à ingestão de hormônios — renunciando também a todas as vantagens associadas a ela. Mas, seja como for, ninguém poderá lhe prometer que os distúrbios serão aliviados. Ou talvez seja até mesmo necessário remover o útero por meio de uma cirurgia, e depois continuar tomando os hormônios. A linha de tratamento sempre deve ser estabelecida, individualmente, levando em conta suas necessidades pessoais, os riscos e os distúrbios. Os tratamentos padronizados não fazem justiça às exigências, desejos e temores individuais. Toda mulher tem o direito de que seu ginecologista delibere juntamente com ela sobre sua situação pessoal e lhe sugira uma linha terapêutica personalizada.

Faça com que lhe recomendem uma linha terapêutica individualizada

Inchaço nos seios

Os seios são órgãos sensíveis aos hormônios. Isso o sabem muitas mulheres, devido à experiência pessoal, muitas vezes dolorosas. Dependendo das oscilações hormonais mensais e cíclicas, em algumas mulheres as alterações nos seios surgem pouco antes da menstruação; em muitas delas, durante toda a segunda metade do ciclo. Essas alterações podem se manifestar como uma leve, mas também dolorosa, sensação de tensão — tão forte em casos extremos, que a própria mulher não consegue tocar seus seios. É claro que isso interfere na sua vida cotidiana, especialmente nos cuidados com o corpo, no banho, ao passar um creme e até no uso do sutiã.

Certas plantas medicinais também ajudam a tratar os distúrbios dos seios depois da menopausa

As mulheres que sofrem de inchaços nos seios — em geral na forma mais branda — também sofrem distúrbios semelhantes quando tomam hormônios depois do climatério. O médico pode ajudá-las escolhendo determinados preparados hormonais. Muito úteis aqui são os preparados fitoterápicos à base de *Vitex agnus-castus* (agnocasto ou pimenteiro-silvestre).

Como alternativa, há preparados homeopáticos cujas substâncias ativas são a *Phytolacca*, o *Lac caninum* e o *Conium maculatum*.

Os males dos seios descritos acima também podem ser tratados com sucesso pela acupuntura.

Sobrecarga do fígado

Quando os hormônios são tomados na forma de comprimidos, eles são reabsorvidos nos intestinos. A maior parte do sangue intestinal, rico em substâncias nutritivas, finalmente chega ao fígado; ali já acontecem os primeiros passos do metabolismo. Como depois da ingestão de um comprimido de hormônios a substância ativa chega depressa e relativamente concentrada ao fígado, as células hepáticas logo ficam sobrecarregadas por doses incomumente altas de hormônios. Se já existir uma doença do fígado, essa sobrecarga pode prejudicar a função hepática como um todo; nesses casos, o médico deve buscar alternativas. Um fígado saudável, por outro lado, suporta essa sobrecarga e a elabora sem sofrer quaisquer danos.

Quais alternativas temos à disposição? Em princípio, o objetivo é evitar a súbita e alta sobrecarga do fígado e alcançar uma carga regularmente distribuída ao longo do dia. Sendo assim, o intestino tem de ser levado em conta como órgão de absorção. Para isso oferecem-se duas possibilidades: por um lado, pode-se ministrar injeções com preparados de hormônios e, por outro, aplicar adesivos hormonais: a pele, então, absorve os hormônios.

Em ambos os casos, o hormônio se distribui por todo o corpo, inclusive pelo fígado, mas este só é sobrecarregado com a dose total por um curto período de tempo. Desta maneira, até as mulheres com problemas hepáticos podem, na maioria dos casos, receber hormônios sexuais femininos. Somente nos casos agudos da doença hepática deve-se renunciar aos mesmos. Nesses casos, o seu ginecologista por certo pedirá conselho ao seu clínico geral antes de lhe oferecer a reposição hormonal.

Câncer do útero

Com relação à reposição hormonal, muitas mulheres se perguntam se os órgãos que reagem de forma especialmente intensa aos hormônios — e o útero por certo está em primeiro lugar — estão especialmente ameaçados pelo câncer.

Há dois tipos completamente diferentes de câncer uterino: o câncer da cérvix (colo do útero) e o câncer do endométrio.

O câncer da cérvix começa nas células da região da boca do útero, a passagem que liga a vagina ao útero; o câncer do endométrio começa na mucosa uterina, que também é responsável pela menstruação.

A ingestão de hormônios sexuais femininos não tem nenhuma influência sobre o risco de se contrair câncer da cérvix. Mas a história é outra quanto ao câncer do endométrio. Sabemos hoje que o risco aumenta quando se toma unicamente estrógenos. Se, ao contrário, combinarmos um estrógeno com um progestágeno ao prescrevermos hormônios, o risco chega a ser menor do que aquele das mulheres que não tomam nenhum hormônio.

Por este motivo é imprescindível que o ginecologista sempre faça a reposição hormonal combinada com um progestágeno (hormônio do corpo lúteo), no caso de mulheres cujo útero não tenha sido removido. Apenas as mulheres que não têm mais o útero podem tomar unicamente estrógenos. Ex-

Combinar o estrogênio com um progestágeno diminui o risco da ocorrência do câncer uterino

ceções a essa regra são apenas alguns casos especiais, em que o tratamento deve ser feito sob vigilância cuidadosa do ginecologista.

O tratamento e os riscos a ele associados devem ser amplamente discutidos por médico e paciente, avaliando-se com todo cuidado as vantagens e os perigos.

Câncer de mama

Discute-se muito se há uma correlação entre a reposição dos hormônios sexuais femininos e o risco de se contrair câncer de mama. Essa discussão é especialmente significativa porque o câncer de mama é o que mais atinge a mulher e temos de partir do fato de que uma em cada dez mulheres o contrai durante a vida.

> O câncer de mama é a forma mais freqüente de câncer na mulher

Analisando a multiplicidade de estudos sobre este tema, chegamos à conclusão de que até hoje não se comprovou uma correlação inequívoca entre o risco de câncer de mama e a reposição hormonal. Alguns estudos concluíram que a ingestão de hormônios aumentaria esse risco; outros, que o reduz.

A história é outra quando a paciente já contraiu câncer de mama. Então, na maioria dos casos, deve-se interromper ao menos durante alguns anos a ingestão de hormônios, visto que o câncer de mama — uma vez contraído — em geral progride mais depressa sob o efeito dos hormônios.

Pressão alta

Por muito tempo predominou a opinião de que os estrógenos levam a uma elevação da pressão sangüínea e de que mulheres com pressão alta não deveriam ingerir hormônios. Mas constatou-se que essa idéia era falsa. Na maioria dos casos, os estrógenos levam a uma queda — ainda que mínima —

da pressão sistólica e diastólica do sangue. Poucas são as mulheres que reagem à reposição dos seus hormônios sexuais com um aumento da pressão arterial.

É por isso que hoje se recomenda dar às mulheres com pressão alta estrógenos naturais para repor os próprios, que já não são mais produzidos ou então são produzidos em quantidade mínima.

Tromboses e embolias

Tromboses são coágulos sangüíneos nas grandes veias, em geral nas veias profundas das pernas e da bacia. Quando pequenas partículas se soltam desses coágulos sangüíneos e são levadas pela corrente sangüínea, elas podem ficar presas nos pulmões e entupir os vasos sangüíneos. A isso damos o nome de embolia; nesse caso específico, embolia pulmonar — um quadro clínico que pode levar à morte.

A reposição hormonal com estrógenos naturais não apresenta efeitos negativos sobre o sistema de coagulação do sangue, porém leva a um certo alargamento (dilatação) dos vasos sangüíneos, inclusive das grandes veias. O aumento do risco de trombose é mínimo: os casos adicionais não excedem dez mil por ano.

Reações locais ao uso de adesivos com hormônios

Algumas mulheres reagem aos adesivos de hormônios com irritações da pele

Os adesivos com hormônios provocam irritações na pele de 5% a 10% das mulheres que os usam: vermelhidões, inchaços definidos, coceiras ou outros típicos eczemas alérgicos. Até certo ponto esses problemas cessam quando o adesivo é aplicado em outros locais ou quando se troca de marca. Mas, em muitos casos, deve-se abandonar os adesivos e voltar aos comprimidos com hormônios.

Algumas mulheres se queixam de que os adesivos não aderem bem à pele ou se soltam no chuveiro ou na banheira. De modo geral, porém, é boa a aceitação dos adesivos.

Problemas da combinação com progestágenos

Hoje já sabemos que todas as mulheres que ainda têm o útero devem tomar um estrógeno natural e um progestágeno ao fazer a reposição hormonal (ver p. 78). Só assim se pode garantir um bom controle do sangue; só assim se pode exercer uma influência favorável contra o risco de câncer do útero. Infelizmente, os progestágenos impedem alguns dos efeitos favoráveis da ingestão de estrógenos. Estes são a coagulação do sangue e o metabolismo das gorduras.

Por meio da escolha e combinação de preparados, pode-se neutralizar os efeitos recíprocos dos dois hormônios sobre o metabolismo das gorduras. Disso resulta uma elevação mínima da tendência à coagulação do sangue. Todos os outros efeitos favoráveis desejados se mantêm e, em parte, são fortalecidos. Isso vale especialmente para o efeito sobre o metabolismo dos ossos e, assim, é útil para a prevenção da osteoporose.

E quando não se deve tomar hormônios?

Hoje lê-se e ouve-se cada vez mais sobre as muitas razões para não ingerir hormônios sexuais femininos. Com o crescente conhecimento e compreensão dos efeitos dos hormônios sexuais femininos sobre o organismo, tornaram-se sem valor muitas das opiniões contrárias (contra-indicações). Quais delas pertencem a esse contexto você saberá lendo o texto "Importante", a seguir. Algumas contra-indicações transformaram-se em recomendações: elas são apresentadas como motivo para uma reposição hormonal.

IMPORTANTE

Hoje, as seguintes doenças já não servem como contra-indicações para o tratamento de reposição hormonal: doenças vasculares, antecedentes de infarto cardíaco, antecedentes de apoplexia, pressão alta, trombose ou embolia, cãibras, distúrbios do metabolismo das gorduras, cálculos biliares, disfunção hepática congênita, antecedentes de icterícia, diabetes, nódulos musculares no útero, câncer da cérvix, câncer dos ovários, câncer do intestino, tumores do fígado, câncer da pele, otoesclerose, esclerose múltipla e epilepsia.

Câncer de mama

No caso do câncer de mama, recomenda-se interromper a reposição hormonal por um período mínimo de cinco anos

Quando um câncer de mama é diagnosticado, qualquer ingestão de estrógenos deve ser imediatamente interrompida. Acontece que os estrógenos não causam ou desencadeiam o câncer de mama, mas podem em muitos casos estimular e acelerar o crescimento das células cancerosas. Na maioria dos casos, as mulheres atingidas devem renunciar ao tratamento de reposição hormonal durante pelo menos cinco anos. Se até então o câncer não voltou a se manifestar e provavelmente foi vencido, pode-se prescrever os hormônios outra vez.

Muitos fatores do câncer de mama são variáveis: tamanho do tumor, existência de receptores hormonais, presença de nódulos linfáticos nas axilas, receptores para os fatores de crescimento e outros. Todo câncer de mama deve ser tratado individualmente. Também há casos em que se pode continuar tranqüilamente a reposição hormonal, em combinação com progestágenos, segundo o estágio atual do conhecimento médico.

Câncer não tratado da mucosa do útero (endométrio)

Quando há suspeita de um câncer do endométrio ou se o diagnóstico já o comprovou, não se deve tomar estrógenos em nenhuma hipótese, visto que estes podem estimular o crescimento do tumor. Depois de uma cirurgia para remoção do útero, os estrógenos podem ser prescritos em combinação com progestágenos.

Entupimento agudo das veias ou embolias

Um motivo ainda hoje polêmico para se renunciar à reposição hormonal são os entupimentos agudos das veias (tromboses) ou então as embolias.

As mulheres que já tiveram uma dessas doenças não precisam renunciar à reposição hormonal, segundo o estágio atual do conhecimento médico. Depois de uma trombose ou embolia, antigas e tratadas, pode-se continuar com a terapia da reposição hormonal. Por medida de segurança, muitos médicos ainda recomendam que suas pacientes esperem seis meses. Se essa recomendação ainda se manterá por muito tempo é questão de esperar para ver.

Se Você Toma Hormônios

Tão pouco quanto possível — tanto quanto necessário

Toda mulher deve tomar apenas a quantidade de hormônios suficiente para ela e para seu bem-estar. A dosagem deve ser estabelecida individualmente na consulta entre o médico e a paciente. Não são necessários exames de sangue regulares, o que conta é apenas e unicamente o sucesso da terapia.

Se os distúrbios do climatério melhorarem visivelmente ou forem totalmente eliminados, a dosagem está correta. Os efeitos positivos sobre o metabolismo — talvez a prevenção da osteoporose e o efeito protetor sobre os vasos sangüíneos — são alcançados com segurança por meio de dosagem relativamente pequena.

Progestágenos

Apenas as mulheres que não têm mais o útero devem renunciar à adição de progestágenos. As mulheres que não tiveram o útero removido cirurgicamente — e, felizmente, elas ainda são a maioria! — não devem renunciar aos progestágenos (ver os motivos na p. 78). Só em casos muito excepcionais, e com acompanhamento intensivo pelo ginecologista, pode-se fugir a essa regra.

As mulheres que já passaram pelo climatério há alguns anos podem tomar prolongadamente uma combinação de um estrógeno e um progestágeno e então, em muitos casos, estarão livres de sangramentos.

Mas, na maioria dos casos, a ingestão de progestágenos é cíclica, portanto, em intervalos determinados: na segunda metade do ciclo de ingestão, os progestágenos são tomados juntamente com os estrógenos. A maioria das mulheres menstrua todo mês, mas, com o passar do tempo, as regras ficarão cada vez mais raras.

Mas também é possível tomar um progestágeno adicional durante 10 a 14 dias a cada três meses. Isto é suficiente, segundo se comprovou, para garantir o efeito protetor contra o câncer do útero. Também neste caso, assim que termina a ingestão do progestágeno há um sangramento, que só deixa de ocorrer em poucos casos. Os estrógenos podem ser tomados continuadamente — os intervalos de uma semana, necessários no caso da pílula anticoncepcional, não são exigidos, mas tampouco causam danos.

Exames de controle regulares

O exame médico semestral é aconselhável quando se faz reposição hormonal

Um exame ginecológico a cada seis meses é o ideal, mas ele deve ser feito ao menos uma vez por ano. Adicionalmente, quando se toma hormônios, deve-se controlar a pressão sangüínea a cada seis meses. A grande maioria das mulheres adota essa medida preventiva, associada à ingestão de hormônios — para vantagem delas mesmas. No caso das mulheres que tomam hormônios, as estatísticas mostram que o câncer é diagnosticado logo em seus primeiros estágios, ao contrário do que acontece no caso das outras mulheres. Quanto antes um câncer for diagnosticado, tanto maior é a chance de cura. Hoje em dia, muitos tipos de câncer são curáveis quando diagnosticados no início. Entre eles estão o câncer de mama, o câncer do colo uterino e do útero, o câncer dos ovários e as doenças cancerígenas dos órgãos genitais externos.

O diagnóstico precoce do câncer de mama aumenta as chances de cura

Em caso de dúvida: raspagem do útero

Quando, apesar do tratamento correto com hormônios combinados, o exame preventivo com ultra-som mostrar uma modificação duvidosa das mucosas do útero ou quando houver sangramento fora do prazo menstrual regular, deve ser feita imprescindivelmente uma raspagem do útero (ver pp. 111s.). Como alternativa, o ginecologista também pode fazer um reflexodiagnóstico da cavidade uterina com o objetivo de retirar tecidos para exame. Isso ainda é mais urgente quando a mulher desistiu de tomar uma combinação necessária com um progestágeno. Desse modo, pode-se detectar cedo as doenças cancerígenas da mucosa do útero, para que seja possível a cura.

Procedimento antes de operações

O tratamento de reposição hormonal — ao contrário do que acontece com a pílula anticoncepcional —, não precisa ser terminado ou interrompido antes de uma cirurgia.

Reposição hormonal e prevenção da gravidez

O início do climatério em muitos casos manifesta-se por males típicos; entretanto, os ovários ainda funcionam. Mesmo que de forma irregular, ainda acontece a ovulação. Portanto, ainda pode ocorrer uma gravidez. Ela é muito rara, mas pode ter conseqüências desagradáveis para as mulheres envolvidas. Terá de ser feita uma mudança no ritmo geral de vida: uma gravidez tardia pode se transformar numa catástrofe pessoal. Por outro lado, um aborto está fora de questão para muitas mulheres, seja por motivos religiosos, pessoais, ou outros quaisquer.

Uma proteção segura durante o climatério pode ser de grande importância. Muitas mulheres, antes do climatério, já optaram por um método muito seguro: a esterilização. Outras sempre se deram bem com o DIU e continuam a usá-lo. Desaconselha-se a prevenção de gravidez com os costumeiros inibidores da ovulação, a pílula anticoncepcional, se a mulher tiver mais de 45 anos; e, se for fumante, logo depois dos 35 anos, porque a pílula aumenta o risco de infarto do coração e apoplexia. Mas é possível, entretanto, combinar preparados de reposição hormonal com a minipílula. A minipílula se distingue da pílula anticoncepcional pelo fato de não conter estrógeno sintético, porém apenas um progestágeno. Portanto, ela não apresenta os riscos da pílula anticoncepcional para as mulheres que ultrapassaram os 35 ou, se for o caso, os 45 anos.

O mais tardar aos 55 anos, você pode renunciar totalmente à prevenção da gravidez. Em caso de dúvida, uma análise dos hormônios no sangue pode determinar se os seus ovários ainda estão ativos.

Esqueceu de tomar a pílula de hormônios? Se você não precisa se prevenir, isso não será problema

Se você com freqüência se esquece de tomar suas pílulas de hormônios, então o efeito naturalmente não será tão confiável quanto o desejado. Mas não há um problema quando você se esquece ocasionalmente de tomá-las; o efeito prolongado se mantém e o esquecimento não lhe causa nenhum dano. O esquecimento só se torna problemático se você fizer a prevenção da gravidez simultaneamente com uma minipílula — mesmo assim, apenas em casos raríssimos.

Adesivos de hormônios

Adesivos e comprimidos têm o mesmo efeito

Os adesivos de hormônios devem ser substituídos a cada três dias ou duas vezes por semana. O efeito não é diferente do dos comprimidos. Muitas mulheres "simpatizam" com o adesivo, especialmente se têm de tomar regularmente outras pílulas. Os adesivos, no entanto, de vez em quando podem provocar irritações na pele ou levar a reações alérgicas. Nesse caso, você pode tentar aplicá-los em outra parte do corpo. Se os problemas persistirem, na maioria dos casos será necessário voltar para os comprimidos ou injeções de hormônios.

Injeções de hormônio

A reposição hormonal com injeções é preferida por muitas mulheres porque elimina o problema do esquecimento. Por outro lado, muitas pacientes acham desagradável ter de ir ao médico todo mês para tomar a injeção. É por isso que essa forma de reposição hormonal raras vezes é escolhida.

Pomadas e supositórios de estrógenos

Para tratamento local, pode-se introduzir pomadas e óvulos (supositórios) de estrógenos na vagina. As pomadas são colocadas com a ajuda de um aplicador especial. Elas contêm estriol, que exerce um bom efeito sobre os tecidos da vagina e dos órgãos genitais externos, embora não atuem sobre o metabolismo e tampouco levem a um crescimento da mucosa do útero. Por isso não há sangramentos neste tipo de tratamento. Ele se presta especialmente para o tratamento específico da incontinência imperativa (ver p. 44), bem como para acompanhar o tratamento do prolapso da vagina e da bexiga, a incontinência de esforço e para preparar operações de prolapso de órgãos. O tecido tratado com estrógenos é então perceptivelmente mais bem irrigado pelo sangue. Isso favorece a cicatrização depois de uma cirurgia.

Outras Ajudas no Climatério

Os Hormônios não são a Única Solução

Quase se poderia ter a impressão, agora, de que a reposição hormonal é o único caminho possível e a única ajuda para as mulheres no climatério. Mas não é isso o que acontece: você tem à sua disposição inúmeras outras possibilidades de ajuda no climatério e depois dele. Algumas mulheres precisam da assistência do médico, enquanto outras podem arranjar-se sozinhas.

Mas em todas as possibilidades persiste o fato de que os problemas de uma determinada fase de vida não podem ser resolvidos simplesmente com a ingestão de um comprimido. Essa idéia é e será sempre uma ilusão, mesmo que a indústria farmacêutica e muitos médicos às vezes queiram transmitir uma outra imagem. Quem acompanha atentamente a propaganda da indústria farmacêutica para preparados de hormônios, pode constatar uma incrível ingenuidade: lemos suas promessas de uma nova percepção da vida, mais feminilidade, mudanças nos melhores anos da nossa vida ou simplesmente a harmonia dos hormônios. De real sobre os hormônios, a indústria farmacêutica fala apenas (e ainda assim com parcialidade) sobre a deficiência hormonal e suas conseqüências — e nada mais.

> A reposição hormonal é uma terapia eficaz — mas não é a única

O climatério é mais do que uma mera deficiência hormonal

A multiplicidade de sintomas físicos e males do climatério devem-se, em essência, a uma deficiência hormonal e, portanto, são suscetíveis a uma forma de tratamento que equilibre essa deficiência.

Ao período da menopausa pertence, além dos componentes físicos, também a consciência de que começou a segunda metade da vida, que não é mais possível engravidar, que a velhice se aproxima e a capacidade de desempenho diminui lenta e progressivamente. O climatério é uma fase de mudança radical, sob muitos pontos de vista. Nessa fase, os hormônios podem ser úteis, mas eles não são capazes de reorganizar sua vida e ajudá-la a resolver tudo o que a perturba durante esses anos.

Recusa à reposição hormonal

Algumas mulheres ainda hesitam em tomar diariamente comprimidos de hormônios — sejam quais forem seus motivos. Um ginecologista que leve suas pacientes a sério não irá condenar essa atitude, mas falará a respeito. Quando as dúvidas persistem, ele precisa e deve aceitá-las, refletindo sobre outras possibilidades de tratamento disponíveis.

Em última análise, de nada adianta tentar convencer alguém que não quer ser convencido — isso só serve para tornar todos infelizes a longo prazo.

MENOPAUSA — FASE DE TRANSIÇÃO?

Alternativas para a reposição hormonal

Há um grande número de possibilidades, no âmbito da "cura natural", que podem ajudar as mulheres no climatério e depois dele. Esses métodos se destacam por duas características: eles não têm efeitos colaterais e exigem desde o início que o médico dedique mais tempo às suas pacientes.

A conversa detalhada é parte inseparável do conceito de medicina integral que hoje alcança um significado crescente, e não só entre os médicos mas, de modo especial, também entre os pacientes e as pacientes. Quando você vai ao seu ginecologista, você quer conversar e ser tratada por ele como uma mulher — não como um útero, um seio ou um caso de deficiência hormonal. Você quer ser levada a sério como um ser humano em sua totalidade, como uma mulher que por certo tem útero e seios ou sofre as conseqüências de uma deficiência hormonal; mas isso deve ser tomado como parte integrante da sua personalidade. E o fato é que uma mesma doença pode se manifestar de forma completamente diferente em duas mulheres que apresentem estados orgânicos idênticos. Isso o ginecologista tem de levar em consideração no tratamento. E é isso que as mulheres de hoje esperam que ele faça.

Acupuntura

A acupuntura, um método de cura que existe há mais de 2.000 anos, tornou-se conhecida em nosso mundo como parte

A acupuntura atua como um analgésico

da medicina tradicional chinesa. Ela se baseia na idéia de que a energia flui através de caminhos bem determinados do nosso corpo, os meridianos. Com a estimulação de pontos escolhidos desses meridianos, pode-se influenciar o fluxo energético e assim objetivar um efeito curativo contra um grande número de doenças. A determinação exata, tanto dos meridianos quanto dos pontos a ser estimulados, referia-se originalmente a uma medicina experimental; hoje, no entanto, os meridianos e os acupontos são descritos com exatidão.

Esse fundamento teórico da acupuntura não pode ser explicado pelo nosso conhecimento científico. Contudo foi provado que a acupuntura funciona. Estudos de anatomia demonstraram que existem, nos clássicos acupontos, pequenas fissuras na fáscia corporal pelos quais os pequenos vasos sangüíneos e os feixes nervosos chegam à hipoderme e à pele que ficam por cima deles.

A ativação desses pontos provoca uma estimulação dos nervos, que comprovadamente liberam no sistema central determinadas substâncias, as endorfinas e as metencefalinas, as quais aliviam a dor, melhorando o humor e dissipando a tensão muscular. Sendo assim, a acupuntura é muito apropriada para o tratamento dos estados dolorosos.

Como é feita a acupuntura?

Os pontos da acupuntura podem ser estimulados de várias maneiras: na acupuntura clássica, agulhas muito finas são neles inseridas; na moxabustão, os acupontos são aquecidos com um bastonete ou "moxa"; na acupressura, faz-se uma pequena pressão com os dedos sobre os pontos de acupuntura. A moxabustão e a acupressura podem ser executadas pela própria pessoa, ao passo que a acupuntura só pode ser feita por um terapeuta experiente, de preferência acompanhado por um médico. Na acupuntura, podemos distinguir entre a acupuntura corporal clássica — os acupontos estão distribuídos por toda a superfície do corpo; a acupuntura auricular — que estimula os acupontos localizados nos lóbulos da orelha; e a acupuntura craniana, para os acupontos da cabeça.

Em quadros clínicos agudos pode-se fazer um tratamento diário de acupuntura até que haja melhora perceptível; no caso de doenças crônicas, se usa na maioria das vezes fazer uma ou duas sessões de acupuntura por semana. As agulhas permanecem por cerca de 20 minutos e depois são retiradas. Complicações acontecem apenas em alguns poucos casos excepcionais, como quando o terapeuta insere as agulhas diretamente num vaso sangüíneo ou num nervo, o que pode causar inflamações nos pontos espetados. Um tratamento constitui-se em geral de dez a doze sessões.

> As complicações são muito raras

No caso da acupuntura auricular, em determinados casos também podem ser inseridas agulhas que devem ficar espetadas de uma até três semanas. Isto acontece, por exemplo, no apoio a dietas por meio da acupuntura.

Quando a acupuntura é bem-sucedida, o efeito pode durar alguns meses; curas a longo prazo também são possíveis. Se os males reaparecerem pode-se repetir o tratamento de acupuntura sem problemas.

Significado da acupuntura na medicina ocidental

A acupuntura mostrou-se valiosa especialmente no tratamento de problemas da coluna e das grandes articulações, e muitas das pacientes tratadas com ela ficaram verdadeiramente entusiasmadas. Com a crescente experiência e divulgação, a acupuntura também obteve aceitação no âmbito da ginecologia e da obstetrícia. No tratamento dos males típicos do climatério, puderam ser objetivados resultados positivos. Muitas das mulheres assim tratadas ficaram livres de distúrbios: além das ondas de calor, foram aliviados, e às vezes desapareceram por completo, sobretudo os distúrbios do sono, os sintomas psíquicos e as dores de cabeça.

> A acupuntura é útil contra vários problemas do climatério

Pode-se alcançar esses resultados tanto com a acupuntura auricular quanto com a acupuntura corporal. Quem decide o método a ser usado é o médico acupunturista. Também há cada vez mais ginecologistas que se especializam nessa área, para poderem oferecer a acupuntura às suas pacientes como uma medida terapêutica valiosa e sobretudo sem efeitos colaterais.

Quais médicos praticam a acupuntura?

Você pode obter o endereço de médicos acupunturistas qualificados nas associações médicas específicas, especialmente na NATUM, o Grupo de Estudos de Processos Naturopáticos e de Medicina Ambiental.

A acupuntura pode ser combinada sem problemas com a homeopatia ou com a fitoterapia. A maioria das mulheres que se trata com um médico acupunturista não precisa de remédios adicionais, pois experimenta alívio bom ou ótimo para seus males.

Acupressura — apropriada para o autotratamento

Ao contrário da acupuntura propriamente dita, a acupressura também é apropriada para o autotratamento. Os acupontos são estimulados por meio de uma pressão específica, feita com a ponta dos dedos. Nas livrarias, há muitos livros sobre acupressura destinados ao leitor leigo.

Tratamento homeopático

A homeopatia é um método de tratamento integral que foi desenvolvido no século XVIII e vem sendo praticada desde então.

São ministradas substâncias vegetais, animais, minerais e metálicas em forma potencializada, pura e extremamente diluída. Quanto mais alta a potência de um remédio, tanto mais fortemente diluído e tanto mais eficaz ele é. Para um médico orientado para a medicina acadêmica é difícil entender que essa eficácia aumenta na medida em que uma quantidade menor do remédio homeopático é ministrada.

Na homeopatia clássica, busca-se um remédio bem específico e individual para cada paciente. Isso exige uma cuidadosa e compreensiva análise da personalidade do doente, inclusive do seu histórico médico e de todos os sintomas.

Homeopatia clínica

A homeopatia clínica é uma forma simplificada de homeopatia que se ocupa sobretudo em fazer experiências com a eficácia de determinados remédios diante de determinados sintomas. Esse caminho não é aprovado pelos homeopatas clássicos; na prática, entretanto, ele é muito promissor e muito útil em caso de falta de tempo. Os remédios homeopáticos não têm efeitos colaterais.

Como forma especial desta homeopatia clínica existem no mercado os chamados "complexos". Compõem-se de diversos remédios homeopáticos, que são receitados com relativa freqüência e mostram uma boa eficácia.

> Os complexos se compõem de diversos remédios homeopáticos

Remédios homeopáticos importantes para as mulheres no climatério

A homeopatia clássica conhece mais de mil medicamentos homeopáticos. O remédio individual e definido por meio de um intensivo e demorado levantamento do histórico médico da paciente e de um exame físico. Esta forma tradicional de homeopatia só é praticada por médicos homeopatas com formação específica nesse ramo da medicina.

A forma de homeopatia clínica mais freqüentemente praticada também pode ser usada pelos ginecologistas ou médicos da família. Estes lançam mão de medicamentos homeopáticos que reconhecidamente exercem um efeito positivo nos males típicos do climatério.

Medicamentos homeopáticos mais receitados:

- *Pulsatilla pratensis* — por exemplo, na potência D6 ou D12; cinco drágeas ou cinco gotas duas vezes por dia — nos estados de ansiedade, tendência a resfriados ou inflamação das fossas nasais, males do baixo-ventre, surgimento de varizes e menstruações irregulares.

- *Sépia* — por exemplo, na potência D6 ou D12; cinco drágeas ou cinco gotas duas vezes por dia — em casos de irritabilidade, estados apáticos, ataques de enxaqueca, males do estômago, tendência à prisão de ventre, prolapsos (também hemorróidas), doenças de pele (eczemas, psoríase) e menstruações fracas e adiantadas.

- *Lachesis mutus* — por exemplo, na potência D12; cinco drágeas ou cinco gotas duas vezes por dia — para a verbosidade intensa, ondas de calor e suores, intolerância ao calor, sensações de sufocação, especialmente sensação de aperto no pescoço, e menstruações dolorosas.

- *Aristolochia clematitis* — por exemplo, na potência D12; cinco drágeas ou cinco gotas duas vezes por dia — ao lidar com um estado de humor depressivo, sensações de medo, distúrbios do sono, males da bexiga, difusão de varizes, tendência a eczemas, muitas vezes acompanhados de pruridos, males das articulações e menstruações relativamente fracas e atrasadas.

Além destes medicamentos, também há alguns complexos especialmente formulados para o tratamento dos males mais freqüentes do climatério.

Remédios fitoterápicos

O uso de remédios padronizados de ervas chama-se fitoterapia. Porém, as substâncias ativas não são — como na homeopatia — dadas em forma extremamente pura e diluída, mas como extratos misturados com outras substâncias vegetais. Estas não exercem nenhum efeito, embora influenciem favoravelmente a ação da substância realmente ativa. Os medicamentos que podem ser obtidos devem satisfazer exigências bem definidas de qualidade e eficácia.

Para o tratamento dos males do climatério, têm-se mostrado de especial importância os seguintes medicamentos:

- Actéia negra (*Cimicifuga racemosa*)
- Milfurada (*Hypericum perforatum*) e
- A raiz de kava-kava (*Piper methysticum*)

Quando e quais preparados fitoterápicos utilizar?

A milfurada é um antidepressivo eficaz

Milfurada, hipericão, erva-de-são-joão (*Hypericum perforatum*) é muito eficaz contra o humor depressivo, inquietação generalizada, nervosismo e sentimentos de medo, durante o climatério mas também antes ou depois dele. Por isso é receitada por clínicos gerais, neurologistas e psiquiatras. Mas em casos muito raros, ela pode ter como efeito colateral uma pronunciada sensibilidade da pele à luz.

Actéia negra (*Cimicifuga racemosa*) é eficaz sobretudo contra as ondas de calor e os suores, mas também mostra os típicos efeitos colaterais do estrogênio sobre a pele e as mucosas, sem contudo, ao contrário do ruibarbo, realmente conter estrógenos.

A kava-kava libera a tensão e o medo

Kava-kava (*Piper methysticum*) age relaxando os músculos, mas é também um efeito psiquicamente relaxante e é recomendada especialmente para os sentimentos de medo que acompanham as tensões. O efeito pode intensificar-se muito com a ingestão simultânea de álcool ou tranqüilizantes. Por isso, se você for dirigir é desaconselhável tomá-la.

Agnocasto, agnopuro, árvore-da-castidade, pimenteiro-silvestre (*Vitex agnus-castus*) atua sobretudo nos males dos seios — tensão, inchaços, sensibilidade ao toque — na segunda metade do ciclo, além de ser eficaz no caso de menstruações irregulares, sangramentos viscosos antes das regras propriamente ditas e fraqueza do corpo lúteo. O efeito se dá pela estimulação da produção de progesterona no corpo lúteo.

MENOPAUSA — FASE DE TRANSIÇÃO?

Ruibarbo (*Rheum rhapanticum*) contém uma substância estrógena e pode estimular tão fortemente a mucosa do útero depois da última menstruação a ponto de fazer surgir novas regras. Portanto, é útil contra todos os males provocados pela deficiência de estrógenos. Nas bulas, o ruibarbo é classificado como um hormônio e não como um preparado fitoterápico. Ele só deve ser usado sob prescrição do ginecologista.

Sálvia (*Salvia officinalis*) atua especialmente no caso de tendência a suores intensos e, portanto, tem um efeito inibidor do suor. Ela é ingerida na forma de chá. A sálvia estimula a digestão e, por isso, tem ação favorável nos males do estômago e intestino; além disso, tem um efeito levemente diurético.

Urtiga (*Urtica dioica*) é rica em ferro e cálcio e apropriada especialmente para mulheres que, por exemplo, têm uma maior necessidade de ferro por causa de regras demasiado abundantes; mas também é boa para as mulheres com alto risco de osteoporose. Além disso, estimula e purifica a bexiga; é usada na forma de chá.

Alquemila, pé-de-leão (*Alchemilla vulgaris*) inibe a formação do suor e portanto é recomendável principalmente para os típicos casos de suores e ondas de calor.

Lúpulo (*Humulus lupulus*) em geral tem efeito calmante. Portanto é especialmente recomendável nos casos de distúrbios do sono e na inquietação generalizada.

Valeriana (*Radix valerianae*) é conhecida pelo seu efeito calmante. É útil nos estados de inquietação interna, principalmente nos distúrbios do sono.

Raiz de Ginseng (*Panax ginseng*) é recomendável para os casos de desmotivação, apatia, tendência à indiferença, crescente perda da memória. O ginseng tem, no todo, um efeito estimulante. Também é recomendado quando há sensação de esgotamento.

O ginseng dá novo impulso ao corpo e à mente

Castanheiro-da-índia (*Aesculus hippocastanum*) ajuda no caso de varizes e de hemorróidas. Favorece a circulação do sangue, especialmente no baixo-ventre e, portanto, também é útil nos casos de flatulência além de atenuar as dores abdominais. No caso destas últimas, o médico deve fazer um exame para excluir possíveis causas graves.

Outros métodos de cura natural

Terapia neural

A terapia neural ou anestesia terapêutica local se baseia na idéia de que, no decorrer da vida, desenvolvem-se campos de interferência no corpo, os quais impedem a regularização de diferentes influências e por isso acabam levando à doença. Esses campos de interferência podem ser cicatrizes ou inflamações crônicas.

Em seu âmago está o tratamento dos campos de interferência

Com o tratamento desses campos de interferência com um anestésico local, é possível ao corpo remover esses campos de interferência e, finalmente, usar toda sua energia para suportar os encargos do dia-a-dia. A terapia neural ainda não alcançou o significado da homeopatia ou da acupuntura no tratamento dos males do climatério. Apesar disso, como método de cura natural, em alguns casos ela é uma alternativa a ser considerada.

Seja como for, para identificar e tratar os campos de interferência, a acupuntura também é especialmente apropriada, principalmente a acupuntura auricular. Visto que a acupuntura apresenta mais possibilidades de uso do que a terapia neural, em essência ela atrai a simpatia da maioria das mulheres.

Balneoterapia

Também a balneoterapia oferece diferentes possibilidades para aliviar os distúrbios e ajudar as mulheres durante e depois do climatério. Como as múltiplas modificações físicas, psíquicas e sociais que ocorrem durante o climatério representam uma sobrecarga importante, podemos ao menos levar em conta uma ação curadora.

Na fase inicial, quando ainda há menstruação mas já se mostram por outro lado os primeiros sinais de climatério (como, por exemplo, as ondas de calor), recomendam-se os banhos com lama de turfa ou com água salgada. Em casos de ondas de calor pronunciadas e duradouras, pode ser útil o uso da terapia do Kneipp.

Trata-se em princípio da alternância de estímulos quentes e frios. Em forma simplificada, você pode fazê-lo em casa, alternando duchas de água quente e água fria.

Prevenção e tratamento dos prolapsos

Com o avanço da idade, muitas mulheres sofrem de micção involuntária ao tossir, espirrar e rir; nos casos mais graves também com atividade física mais leve, como subir escadas e andar. Essa incontinência de esforço (ver pp. 43s.), em quase todos os casos, deve-se a um prolapso da bexiga, quase sempre acompanhado de um prolapso da parede anterior, e muitas vezes também da parede posterior da vagina. Esse prolapso, independentemente da incontinência urinária, pode provocar outros males: uma sensação de pressão "para baixo", a sensação de ter um corpo estranho na região da entrada da vagina, dores e pontadas nas virilhas, no baixo-ventre ou nas costas, prisão de ventre, e também dificuldade para urinar, até chegar à retenção urinária.

Mas sempre é possível atuar ativamente contra o desenvolvimento de um prolapso da bexiga e uma incontinência de esforço.

Ginástica para a bacia

Uma medida preventiva decisiva, que em casos mais leves proporciona uma melhora perceptível e ajuda a evitar uma cirurgia, é o fortalecimento dos músculos pélvicos por meio de uma ginástica para a bacia.

A musculatura pélvica é ativamente estimulada ao se fazer os exercícios da ginástica para a bacia. Esses exercícios podem ser aprendidos sob a direção de um fisioterapeuta ou também nos cursos de ginástica pós-natal, hoje adotados em quase todas as maternidades.

Ali começam os cuidados preventivos: depois do parto (ainda durante o puerpério, isto é, nas primeiras semanas depois do parto), é importante que comece a aprender os exercícios mais importantes, sob orientação médica.

Com uma ginástica especial e dirigida, a musculatura dos quadris é fortalecida

Você pode aprender sozinha a parte mais importante da ginástica para a bacia. O ponto decisivo é você tensionar conscientemente a musculatura ao redor da vagina. Para isso, seu ginecologista poderá lhe prescrever cones vaginais especiais. Trata-se de uma peça plástica, lisa e oval, mais ou menos do tamanho de um tampão, que, como um tampão, deve ser introduzida na vagina e mantida firmemente no lugar por meio do tensionamento da musculatura da bacia. Há cones vaginais de diversos pesos: começa-se com um de 20 gramas, aumentando até chegar ao de 70 gramas. O cone vaginal é introduzido duas ou três vezes por dia, tentando-se segurá-lo com a vagina por alguns minutos a fim de treinar os músculos.

Tratamentos por eletroestimulação

A alternativa para o treinamento da musculatura pélvica acima descrito é o tratamento por eletroestimulação. Para isso, seu ginecologista lhe prescreverá um aparelho eletroestimulador, do qual faz parte uma sonda cônica que é introduzida na vagina, como um tampão, uma ou duas vezes por dia. O objetivo dessa sonda é produzir uma pequena corrente de estímulos na musculatura pélvica e fazê-la contrair-se. Com isso visa-se alcançar o mesmo efeito obtido com o treinamento regular da musculatura da bacia. No geral é uma alternativa valiosa, mas infelizmente ainda pouco usada para o tratamento de prolapsos leves e médios da vagina e de incontinência urinária. Com seu uso orientado, pode-se evitar uma possível cirurgia para correção do prolapso.

Cirurgias Durante e Depois do Climatério

Ao lado das medidas terapêuticas já mencionadas, ou seja, a reposição hormonal e todos os métodos complementares ou alternativos possíveis, as mulheres muitas vezes se vêem confrontadas com a necessidade de uma operação. Diversos problemas, durante e depois do climatério, podem tornar imprescindível uma cirurgia ginecológica.

As operações típicas, no entanto, são avaliadas e vistas de forma diferente por diversos médicos e também pelas próprias mulheres envolvidas. Quando, então, é necessária uma operação? Quando é preciso levá-la em conta e quando se pode evitá-la?

Raspagem do útero

Uma das operações mais freqüentes é a raspagem do útero (abrasão ou curetagem). A mucosa do útero é raspada com uma cânula, sendo o material levado ao laboratório para análise dos tecidos.

Sempre se deve fazer uma raspagem quando houver irregularidades prolongadas das regras depois dos 40 anos e quando houver sangramento, depois da menopausa, que não seja conseqüência do início do tratamento com hormônios. Estes sintomas podem indicar um câncer da mucosa uterina. Hoje em dia, o diagnóstico e tratamento precoces dessa doença possibilita em muitos casos uma cura definitiva.

A mucosa do útero retirada durante a raspagem é diagnosticada para detectar-se um câncer

Atualmente, esta cirurgia sempre deve estar associada a um reflexodiagnóstico da cavidade uterina. Assim, o médico poderá examinar melhor o útero antes da raspagem e perceber de antemão se existem alterações cancerosas. Esse processo aumenta a segurança da raspagem, sem que se tenha de correr riscos adicionais.

Remoção do útero

Na Alemanha de hoje, 25% das mulheres que chegaram ao climatério não têm mais o útero. A remoção ou extirpação do útero (histerectomia) é uma operação muito freqüente que se tornou quase rotineira no dia-a-dia dos ginecologistas. Ela é feita por meio de uma incisão abdominal ou através da vagina.

A histerectomia vaginal é muito mais cômoda para a mulher do que a histerectomia abdominal, porque as superfícies cortadas são menores, há menos dor e a convalescença em geral é mais rápida. Infelizmente, ela não é possível em todos os casos. Uma outra possibilidade é a remoção do útero no quadro de um reflexodiagnóstico do abdômen (endoscópico ou laparoscópico), o que, no entanto, só é possível em relativamente poucos casos e muitas vezes não é oferecido.

Os motivos mais comuns para a remoção do útero são os tumores uterinos (miomas; ver p. 75) que levam a um aumento visível do tamanho do útero, bem como os distúrbios menstruais.

A histerectomia vaginal é mais confortável para a paciente

Alternativas para a remoção do útero no caso de distúrbios menstruais

É justamente para os distúrbios menstruais que hoje há alternativas disponíveis. Existe a possibilidade de fazer uma terapia medicamentosa. Primeiro, faz-se o tratamento com progestágenos (isolados ou em combinação com estrógenos). Além disso, há medicamentos que influenciam os processos de coagulação do sangue nas mucosas do útero e podem reduzir a perda de sangue.

Nos últimos anos, foi desenvolvida e estabelecida outra alternativa de tratamento: a raspagem da mucosa do útero no quadro de um reflexodiagnóstico do útero (ablação histeroscópica do endométrio). Essa técnica comprovou ser muito eficaz no tratamento das irregularidades menstruais. A operação é feita com anestesia geral. Num reflexodiagnóstico do útero, é feita a raspagem da mucosa uterina; o útero mesmo é mantido. A paciente se recupera em dois ou três dias e pode, se for o caso, retomar seu trabalho. Portanto, vale a pena levar esse método em consideração. Algumas mulheres podem dessa maneira evitar a remoção do útero.

Remoção dos ovários

Quando — seja quais forem os motivos — uma mulher tiver o útero removido durante ou depois do climatério, alguns médicos recomendam também a imediata remoção dos ovários (ovarioctomia), pois estes já teriam cumprido sua função e a partir de agora seriam inúteis, podendo no entanto tornar-se mais tarde possíveis pontos de partida para um câncer. É certo que quando se remove um órgão, elimina-se a possibilidade de se desenvolver ali um câncer. Por outro lado, apenas 1% das mulheres terão na vida câncer nos ovários. Acaso se deve remover os ovários de todas as mulheres por isso?

Mas não devemos nos esquecer de que todo o esforço de uma operação e toda intervenção estão ligados ao risco de surgirem complicações. E esse risco também existe na remoção dos ovários. Além disso, ainda se discute se é realmente irrelevante a função residual mínima que os ovários mantêm depois da menopausa.

Doenças graves dos ovários muitas vezes tornam impossível evitar sua remoção

Quando, por outro lado, existe uma séria alteração doentia de um ou dos dois ovários, em geral não se deve evitar uma cirurgia. Não é raro acontecer — também nas doenças de caráter benigno — que o ovário afetado já esteja tão devastado que não possa mais ser preservado. Mas ainda se discute se se deve remover imediatamente os dois ovários no casos de processos benignos num deles.

Se você estiver nesta situação, faça com que seu médico lhe explique amplamente todos os prós e contras, as vantagens e desvantagens de sua situação individual — e só então tome uma decisão.

Cirurgia no caso de prolapso dos órgãos genitais

O prolapso dos órgãos pode se repetir

Depois dos 40 anos, algumas mulheres apresentam os sintomas desse prolapso: sensação de pressão "para baixo", perda de urina ao tossir, espirrar ou rir, problemas intestinais. A causa para isso, em geral, são uma fraqueza do tecido conectivo e a sobrecarga na bacia, devidas, por exemplo, ao trabalho físico pesado, muitos partos, excesso de peso, tosse freqüente no caso de bronquite crônica ou de asma.

Os casos mais leves podem ser tratados com o treinamento da musculatura da bacia (ver p. 108); nos casos mais graves, uma cirurgia pode ajudar. Nela a bacia é reconstruída e a vagina, remodelada. Se as causas persistirem, é muito provável que ocorra novo prolapso dentro de alguns anos (uma recidiva).

Levantamento da bexiga

Mas não é em todos os casos que se pode eliminar uma incontinência provocada por prolapso pela reconstituição cirúrgica da bacia. Em muitos casos é necessário fazer uma incisão no ventre e levantar a bexiga a partir "de cima". Essa intervenção sempre deve ser precedida por um cuidadoso diagnóstico. Deve ser esclarecido com suficiente segurança se a incontinência urinária (a perda indesejada de urina) pode ser tratada cirurgicamente com boas probabilidades de êxito. Hoje recomenda-se a realização de um exame urodinâmico. Um cateter é introduzido na bexiga, através da uretra, para que o índice de esforço possa ser analisado sob pressão e em repouso. Conforme o resultado desse exame, o médico pode descobrir se a cirurgia representa boas ou más precondições para a cura ou, ao menos, para uma nítida melhora.

Reflexodiagnósticos do abdômen

O reflexodiagnóstico do abdômen hoje é mais uma operação imprescindível do tratamento ginecológico. Trata-se de um procedimento simples mas não isento de riscos, embora os riscos sejam poucos, destinado a esclarecer aspectos da cavidade abdominal e, em alguns casos, até tratar de uma parte maior do abdômen. Para realizar um reflexodiagnóstico do abdômen, faz-se primeiro, com anestesia geral, uma incisão de cerca de um centímetro perto do umbigo. Introduz-se uma agulha especial e se infla o abdômen com dióxido de carbono para poder introduzir um tubo oco (o *trocar*) entre as paredes do abdômen e os órgãos. Com aparelhos ópticos é possível então examinar o interior do abdômen. Um segundo corte, na região dos pêlos públicos, permite introduzir um bastão de toque com o qual é possível tocar os órgãos. O médico poderá, por exemplo, examinar a parte posterior dos ovários. E, se for preciso, pode-se realizar diferentes operações nos ovários, nas trompas e no útero.

Um reflexodiagnóstico do abdômen deve ser realizado sempre que se suponha que há estados necessitando de opera-

Um reflexodiagnóstico do abdômen serve para confirmar o diagnóstico

ção na área abdominal e, sobretudo, quando houver suspeita de câncer nos ovários, como por exemplo no caso de um exame ginecológico ou um ultra-som notarem alterações nos ovários.

Se for detectado um câncer durante o reflexodiagnóstico, ele não deve de modo algum ser operado durante essa intervenção, pois é importante que o tecido sadio não entre em contato com o tecido canceroso. Para garantir isso, uma incisão abdominal será necessária.

Cirurgias de mama

Se a existência do tumor não for inequívoca, uma operação pode confirmar o diagnóstico

Com a idade, aumenta o risco de se contrair um câncer. O câncer mais freqüente nas mulheres é o de mama. Por isso, sempre que não for possível excluir a possibilidade de um câncer depois de se achar um tumor num exame cuidadoso, depois de um raio X da mama (mamografia) e uma ultra-sonografia (mama-sonografia), deve-se operar. Só assim pode-se estabelecer com certeza se o tumor é benigno ou maligno.

Isso não significa que no segundo caso seja melhor fazer a operação, porque depende muito do estado do tumor: o câncer de mama é curável quando reconhecido logo no início. E, na maioria dos casos, é possível preservar os seios! Não é verdade que sempre se tem de remover os seios no caso do câncer de mama — ao contrário: a remoção de toda a mama (amputação ou ablação dos seios) tornou-se rara. O câncer de mama não pode ser evitado — o termo "prevenção", portanto, é mal escolhido —, mas, é possível detectá-lo cedo e, na maioria dos casos, curá-lo.

Diagnóstico de um câncer

Quando surge a suspeita de um câncer, quase sempre é necessário fazer uma cirurgia. Primeiro, trata-se do diagnóstico: existe ou não um câncer? O tecido necessário para uma análise acurada só pode ser obtido por meio de uma cirurgia. Isso significa que seria preciso fazer uma raspagem quando se trata de verificar se há um câncer do útero, ou remover tecido para biópsia, no caso de suspeita de câncer do colo do útero. Se a suspeita recair sobre câncer nos ovários, na maioria das vezes faz-se, de início, um reflexodiagnóstico do abdômen; em caso de dúvida é sempre necessário fazer uma incisão abdominal para remover todo o ovário, sem espalhar células cancerígenas por toda a cavidade abdominal. Tumores cancerígenos da mama são removidos completamente por meio de cirurgia.

O médico só pode começar o tratamento definitivo quando tiver certeza do diagnóstico. Se será preciso fazer uma cirurgia, uma radioterapia, uma quimioterapia ou um tratamento hormonal, se uma medida terapêutica será suficiente ou se se deve combinar várias formas de terapias, isso tudo só pode ser decidido em cada caso individual. Todo câncer é um caso em si mesmo e, por isso, todo tratamento contra o câncer deve ser visto e executado como um caso individual.

Para a mulher envolvida, é importante encontrar alguém com quem falar, alguém que a ajude a viver com a doença e compreender a doença, e também ser capaz de lhe dar informações sobre questões sociais e profissionais.

Radioterapia

Antigamente, era prática comum e freqüente submeter as mulheres que sofriam de distúrbios menstruais no início do climatério à radioterapia dos ovários, eliminando completamente sua ação. Uma vez que toda radioterapia libera uma multiplicidade de efeitos biológicos nos tecidos submetidos à irradiação, o que pode inclusive provocar o câncer, deixou-se de lado esse método terapêutico. A radioterapia é usada exclusivamente para o tratamento de doença maligna.

Nunca concorde irrefletidamente com uma cirurgia!

Levando-se em conta os progressos da nossa medicina, especialmente no campo cirúrgico e nas técnicas anestésicas, tem-se hoje a impressão de que a decisão de submeter-se a uma operação é tomada com muita precipitação. No entanto, uma operação somente deverá ser feita quando for imprescindível. Toda cirurgia está sujeita a complicações, podendo também deixar seqüelas e até a paciente perder a vida por causa das complicações. É claro que hoje os riscos são menores do que antes; naturalmente hoje a segurança é maior do que nunca. Mas não há uma segurança total. Sempre resta um risco residual. Em geral, você só fica sabendo disso momentos antes da cirurgia, quando o médico lhe explica o fato e pede o seu consentimento para ir em frente. Faça com que seu médico lhe explique exatamente por que deseja operá-la, qual o sentido e as chances de sucesso da operação, e que alternativas promissoras existem no seu caso. Se você ainda tiver alguma dúvida e se, por motivos médicos, a operação não for urgente ou prioritária ou quando não se tratar de uma emergência, reserve um tempo para repensar a cirurgia, avaliando suas vantagens e desvantagens. Conforme o caso, busque calmamente a opinião de um segundo médico. Qualquer que seja o caso, você tem o direito de fazer isso. Em última análise, é você que corre o risco da operação e deve confirmar sua decisão de submeter-se a ela.

Toda cirurgia encerra um certo risco

O Que Você Mesma Pode Fazer?

Se você acha que a ajuda contra os males do climatério só pode partir do ginecologista e da medicina, está enganada.

Você mesma pode contribuir para o seu bem-estar no período do climatério, para aliviar os distúrbios, continuar saudável e manter, também no futuro, sua visão positiva da vida. Com iniciativa própria e atividade, você pode se mexer e alcançar muitas coisas. Por certo a medicina moderna, especialmente a ginecologia, podem oferecer bastante ajuda. O aspecto decisivo, no entanto, é não aceitá-la passivamente, porém integrar-se numa atitude ativa de vida.

A alimentação

As recomendações para uma alimentação sadia antes e depois do climatério se distinguem apenas em alguns poucos pontos. Se você ler os conselhos, constatará que as recomendações valem para todas as idades.

No entanto, durante e depois do climatério, é válido reagir a uma situação de mudanças. Nesse caso, as alterações metabólicas desempenham um papel importante, especialmente as do metabolismo da albumina e das gorduras (ver pp. 34ss.). O excesso de peso aumenta o risco de várias doenças, que também acometem, com freqüência cada vez maior, as pessoas de peso normal com o passar dos anos. Estamos falando do diabetes, da pressão alta (hipertonia arterial), da artrite, de arteriosclerose (ver pp. 69s), dos cálculos biliares (colecistolíase), da gordura no fígado, da prisão de ventre crônica (obstipação) e dos distúrbios do metabolismo. Além disso, sabe-se que o excesso de peso também aumenta o risco de surgirem algumas doenças cancerosas: câncer de mama (carcinoma da mama), câncer da mucosa do útero (carcinoma do endométrio) e câncer do intestino grosso (carcinoma do colo). As relações entre o excesso de peso e um maior risco de câncer ainda não foram comprovadas. Apenas para o câncer da mucosa uterina já existe uma explicação conclusiva: nos tecidos adiposos, mesmo bem depois da menopausa, ainda subsistem hormônios sexuais masculinos (androgênios), produzidos pelo córtex das supra-renais, que são transformados em estrógenos (a chamada conversão periférica). Esses estrógenos, por sua vez, podem favorecer uma estimulação duradoura da mucosa do útero. Aí atua o mesmo princípio da reposição hormonal com estrógenos sem adição de progestágenos (ver pp. 78s.).

O que é excesso de peso?

Com a Fórmula de Broca, é fácil estabelecer o peso normal

Desenvolveram-se várias fórmulas para definir o peso ideal, das quais as mais conhecidas e usadas são a Fórmula de Broca e o IMC — Índice de Massa Corpórea. O peso normal para a mulher, segundo Broca, é estabelecido com esta fórmula: a altura em centímetros, menos 100; o resultado é multiplicado por 0,9. Para o homem, elimina-se esse multiplicador — isso se explica por que as mulheres têm uma porção maior de gordura corporal e esses tecidos adiposos são mais leves do que os tecidos musculares dos homens. Qualquer resultado acima de 20% do normal significa excesso de peso.

Regras para uma alimentação saudável

- Preste atenção aos requisitos da ingestão de calorias. No caso de pouca atividade física, recomenda-se ingerir cerca de 2.200 calorias por dia. A média da ingestão de calorias na Alemanha, ao contrário, chega a alcançar 3.600 por dia.

- Se você estiver com excesso de peso, procure reduzir o seu peso, se possível com acompanhamento e sob orientação do seu médico.

- Preste atenção ao equilíbrio dos alimentos.

- Seja moderada com as gorduras. Se tiver de ingerir gordura, prefira as de origem vegetal.

- Sua necessidade diária de albumina é de cerca de 50 gramas. Cubra a maior parte dessa necessidade com fontes vegetais e produtos à base de leite, e dê preferência aos legumes, cereais, batatas, ovos, leite e laticínios.

- Desfrute o prazer do café, chá preto e álcool apenas em pequenas quantidades.

- Largue o cigarro.

- Evite dietas que a obriguem a passar fome e jejuns radicais.

- Beba líquidos em quantidade suficiente: no mínimo, dois litros de água por dia. Prefira a água mineral; sucos de frutas, limonadas e refrigerantes são demasiado ricos em calorias.

O cálculo do Índice de Massa Corpórea é um pouco mais complicado. Deve-se dividir o peso corporal (em quilos) pelo quadrado da altura (em metros). O resultado considerado normal para as mulheres é de 19 a 24; para os homens, entre 20 e 25.

Exemplo:
Peso = 65 quilos
Altura = 1,65 metro

$$\frac{65}{1,65 \times 1,65} = 23,8$$

Quais são os alimentos recomendáveis?

Os alimentos básicos para uma nutrição integral são os cereais (trigo, centeio, cevada, aveia, milho, arroz, painço, trigo-sarraceno e os produtos feitos a partir deles (pães, macarrão). Os carboidratos neles contidos são vagarosamente absorvidos pelo corpo e por isso provocam apenas uma pequena elevação do açúcar no sangue depois das refeições, deixando a pessoa saciada por bastante tempo. Menos recomendáveis, ao contrário, são as farinhas super-refinadas e seus subprodutos. Evite o açúcar, a glicose e a frutose. Os doces provocam uma rápida elevação do açúcar no sangue e o corpo reage com uma descarga igualmente forte de insulina, logo seguida por nova sensação de fome. É aí que está uma das principais causas da superalimentação no nosso mundo. Talvez seja exagerada a recomendação de se usar o açúcar tão moderadamente como se fosse um tempero, mas ela atinge o âmago de um importante problema alimentar dos países industrializados.

Outro problema são as gorduras dos alimentos. As gorduras são ricas em energia, mas contêm muitas calorias. No entanto, elas fazem parte irrenunciável da nossa alimentação, visto que algumas das vitaminas são solúveis na gordura e só podem ser ingeridas junto com substâncias graxas. Este é o caso das vitaminas A, D, E e K.

Com substâncias minerais, você alivia os distúrbios ou as doenças do climatério

Minerais (M) Elementos-Residuais (Elr)	Boas fontes	Bom para...
Cálcio (M)	Leite e laticínios	Osteoporose (também na prevenção)
Cromo (Elr)	Produtos de grãos integrais, carne, queijo	Nível demasiado baixo de açúcar no sangue (hipoglicemia)
Ferro (Elr)	Carne, miúdos, produtos de grãos integrais, legumes, nozes	Menstruação abundante; anemia por outras causas
Iodo (Elr)	Peixes, frutos do mar, sal de cozinha iodado	Mau funcionamento da tireóide (hipotireoidismo); doenças dos tecidos conjuntivos dos seios (polêmico)
Magnésio (M)	Produtos de grãos integrais e laticínios, espinafre, nozes, legumes e carne	Osteoporose, cansaço, humor depressivo, cólicas menstruais, cãibras das panturrilhas, diabetes melito, doenças das coronárias
Manganês (Elr)	Produtos de grãos integrais, nozes, chá frutas, frutas tipo morango, amora, framboesa	Arteriosclerose
Potássio (M)	Bananas, batatas, frutas secas, produtos de grãos integrais, legumes, nozes, folhas verdes e tubérculos	Cansaço, humor depressivo, pressão alta, doenças do coração

Cuidado, porém, no caso de doenças renais e arritmias cardíacas |

Selênio (Elr)	Fígado, carne, produtos de grãos integrais, legumes	Doenças do tecido conjuntivo dos seios, câncer (este talvez seja o mais importante elemento residual na prevenção do câncer e é recomendado para tratamento em combinação com as vitaminas A, C e E)
Zinco (Elr)	Produtos de grãos integrais, queijos, carne, aves, peixe, muitas verduras, nozes e ovos	Osteoporose

Com vitaminas, você alivia os distúrbios ou as doenças do climatério

Vitaminas	Boas fontes	Bom para...
Vitamina A (etapa prévia: carotenóides)	Fígado, manteiga, gema do ovo, leite, queijo, peixes do mar; verduras, tomates, cenouras, abricós	Cegueira noturna, forte fluxo menstrual, pele seca e secura das mucosas, modificação das células do colo uterino, câncer de mama
Vitamina B6 (piridoxina)	Carne, miúdos, peixe (principalmente cavalinhas e sardinhas), batatas, produtos de grãos integrais, aves, abacates, bananas	Síndrome de dores crônicas, especialmente por irritação nervosa. Síndrome pré-menstrual, diabetes melito
Vitamina B12 (cianocobalamina)	Só em alimentos animais; miúdos (principalmente fígado), ovos, leite	Anemia (purificação por medicina interna ou especializada), humor depressivo, esgotamento
Vitamina C (ácido ascórbico)	Verduras (de preferência brócolis, páprica, couve, batatas), frutas (principalmente as cítricas, groselhas pretas, *Sanddom*)	Sangramentos menstruais abundantes, câncer, modificações das células do colo uterino, cloasma (placas pardacentas na pele)

Vitamina D (calciferol)	Peixes do mar (principalmente arenque e salmão), óleo de fígado de peixe, margarina enriquecida com vitamina D; luz solar; síntese da vitamina D do próprio corpo	Quando é elevado o risco de osteoporose, em virtude de reduzida absorção de cálcio pelo intestino
Vitamina E (tocoferole)	Óleos vegetais (principalmente óleo de germe de trigo), verduras, erva-doce, escorcioneira, páprica, couve-nabo, couve lombarda, aipo, framboesas, amoras silvestres; produtos de grãos integrais	Câncer (recomenda-se a combinação de selênio com vitaminas A, C e E); males vaginais, ondas de calor, cloasma e outros distúrbios da pele, hipertireoidismo, arteriosclerose, artrose, doenças dos tecidos conjuntivos dos seios, medo
Ácido fólico (complexo de vitamina B)	Folhas verdes (principalmente espinafre, saladas), aspargos, tomates, pepinos, produtos de grãos integrais, fígado	Anemia, modificação das células do colo uterino, câncer, osteoporose, diabetes melito
Niacina (complexo de vitamina B)	Carne, fígado, produtos de grãos integrais, peixes (principalmente cavalinha, salmão, sardinhas)	Taxas elevadas de gordura no sangue (hiperlipidemia), baixa taxa de açúcar no sangue (hipoglicemia)

Dê preferência, portanto, à gordura vegetal, como aquela contida nos óleos de girassol, milho ou oliva e à manteiga e ao creme frescos, visto que eles contêm alto teor de ácidos graxos não-saturados.

Os ácidos graxos não-saturados sobrecarregam menos ó metabolismo e levam a maiores taxas do colesterol de alta densidade, que tem um efeito protetor sobre os vasos sangüíneos. (ver p. 53).

Evite gorduras animais tanto quanto possível, principalmente sob a forma de carnes e lingüiças gordurosas. Isso não

> Prefira lingüiça e carnes pobres em gordura

significa, é claro, que você tenha de renunciar totalmente à carne e às lingüiças. Mas deve tomar o cuidado de não consumir diariamente esses alimentos pouco digeríveis, fazendo um planejamento da sua alimentação.

Recomendáveis são os alimentos ricos em fibras: frutas, verduras, legumes, batatas, linhaça, cereais integrais. Eles contêm componentes que não são absorvidos e digeridos pelo intestino, como por exemplo, a celulose. Esses componentes retêm a água e a armazenam. Isso leva a uma passagem mais rápida dos alimentos pelo intestino e contribui muito para uma evacuação regular.

Beba o suficiente!

Com o avanço dos anos, é cada vez mais importante ingerir líquidos em quantidade suficiente. O motivo é o desgaste da função renal. Os rins precisam cada vez de mais líquido, com o passar dos anos, para poderem expelir o produto final do metabolismo da albumina e também os resíduos de medicamentos, e para buscar um equilíbrio harmonioso das substâncias minerais do sangue.

Depois dos 60 anos, deve-se tomar um mínimo de dois a três litros de água por dia. Você deve cuidar para ingerir o mínimo possível de calorias junto com os líquidos. São justamente as calorias contidas nas bebidas as que passam despercebidas. Particularmente ricos em calorias são os sucos de frutas, os refrigerantes e as bebidas alcoólicas. Beba, de preferência, água mineral ou chá sem açúcar.

Vitaminas e elementos químicos

Quando você tem uma alimentação equilibrada, não precisa se preocupar com uma deficiência de vitaminas ou elementos químicos. No climatério, você deve fazer um bom suprimento de cálcio para prevenir a osteoporose. O cálcio está contido principalmente no leite e seus derivados, como, por exemplo, na coalhada. Em determinados casos, como quando você não suporta laticínios ou já está com osteoporose seu ginecologista pode receitar-lhe um preparado com cálcio.

Vantajosa é a ingestão complementar de selênio e das vitaminas A, C e E. Eles retêm, sob a forma dos chamados antioxidantes, as moléculas reativas nas células e tecidos do corpo, exercendo assim uma função protetora para todas as células corporais. Hoje temos indícios de que esses antioxidantes representam um papel importante no sistema imunológico e podem diminuir o risco de câncer. Quem já sofre de uma doença cancerosa deve tomar impreterivelmente um desses preparados.

Estimulantes

Também para o climatério, na questão dos estimulantes, vale o mesmo que para todas as idades: o excesso deles não é saudável. Um consumo moderado de café, no nosso mundo, significa uma certa qualidade de vida. Mas café em demasia pode levar ao nervosismo e a problemas de estômago ou coração. Isso também vale para o chá preto. Os limites para o consumo diferem de uma pessoa para outra. Mais do que quatro xícaras por dia, seja como for, é demais.

> Eis a regra para a maioria dos estimulantes: moderação!

Também não faz mal um consumo esporádico e relativamente frugal de bebidas alcoólicas; a não ser que você sofra de uma doença hepática, varizes ou intolerância ao álcool. Uma ocasional taça de champanhe, de vez em quando uma garrafa de cerveja ou ainda dois copos de vinho, certamente não são nocivos para a pessoa sadia. Beber álcool todos os dias por certo não é saudável, mesmo quando se trata apenas de um "copinho" ou de uma "garrafinha".

Ao lado do álcool, o cigarro também tem um grande significado em termos médicos e sociais. Ao contrário das bebidas alcoólicas, fumar é um hábito que, na maioria dos casos, não conhece moderação: pouquíssimas pessoas são capazes de se controlar o suficiente para fumar apenas um cigarro ocasional.

O fumo esconde uma série de riscos à saúde

Ao lado das conseqüências conhecidas por todos (doenças vasculares, câncer), para a mulher no climatério o cigarro tem duas outras conseqüências: o envelhecimento mais rápido da pele e um maior risco de osteoporose (descalcificação dos ossos).

Se você é fumante e quer parar de fumar, um tratamento de apoio com a acupuntura poderá ser muito útil.

Redução do peso — o que você deve levar em conta no emagrecimento?

Existe uma condição que você deve levar em conta sempre que quiser emagrecer e quando tiver de decidir-se por uma determinada dieta.

Basicamente, o metabolismo requer um mínimo de dez dias para se reorganizar a fim de que ocorra uma diminuição significativa da gordura do corpo. Isso quer dizer que uma dieta apropriada deve durar no mínimo duas semanas ou, melhor ainda, três. Dias isolados de jejum com a intenção de perder peso não têm sentido.

Em toda dieta é importante beber o suficiente: você deve tomar líquidos em quantidade suficiente para eliminar dois litros de urina por dia, no mínimo. Ou seja, tomar cerca de três litros de líquidos, às vezes até mais.

As curas de jejum "radicais", especialmente a chamada "dieta da fome", exigem um acompanhamento médico. Com a "dieta da fome" o corpo perde por dia, em média, de 400 a 500 gramas de peso, no início predominantemente água; só depois de dez dias, pelo menos, ele começa a eliminar a gordura.

Mais suportáveis e muitas vezes mais bem-sucedidas a longo prazo são as dietas que permitem uma alimentação mista e reduzem diariamente a ingestão de calorias. Os valores calóricos permitidos estão entre 800 e 1.500 calorias por dia, distribuídas por quatro a cinco refeições. Essas dietas podem ser apoiadas por um tratamento de acupuntura; este, como na acupuntura auricular, é feito com agulhas permanentes (mais de duas semanas) cuja ação inibe o apetite e levanta o ânimo. Melhor resultado alcançam as dietas das quais resulta uma modificação duradoura dos hábitos alimentares.

A ingestão de remédios para emagrecer é sempre de difícil avaliação. Em todos os casos, você deve falar primeiro com seu médico, pedindo que ele explique quais os riscos que acompanham esse método. Isso é importante, principalmente para as mulheres depois do climatério. Por meio de outras doenças que se tornam mais freqüentes devido à idade (pressão alta, diabetes), o risco dos efeitos colaterais dos inibidores do apetite aumenta rapidamente. Pode surgir taquicardia, dispnéia, fraqueza no bombeamento cardíaco e outros efeitos colaterais.

É sempre significativo começar uma dieta junto com outras pessoas — em grupo. Por um lado, isso aumenta a motivação de cada pessoa, e por outro, oferece a possibilidade da troca de experiências e da ajuda mútua.

Atividade física

O exercício físico regular é uma importante contribuição para a promoção e manutenção da saúde. A forma que ele assume é, em princípio, de importância secundária. Se sozinha ou em grupo, o tipo de movimento e de esporte que você prefere depende, em primeiro lugar, daquilo que lhe dá prazer. Não é preciso esperar nenhum desempenho extraordinário. O importante é você se exercitar regularmente, ao menos uma vez por semana, e de preferência todos os dias.

> Você só praticará regular e prolongadamente aquilo que lhe dá prazer

Práticas esportivas

Se você já pratica uma determinada atividade esportiva há mais tempo, deve antes de mais nada continuar praticando-a durante o climatério. Mas se você até agora não praticou nenhum esporte, perguntará a si mesma que tipo de esporte escolher.

Devido ao bom treinamento para a circulação e resistência física, são especialmente recomendáveis a natação, o ciclismo e as caminhadas. Essas práticas não exigem longos preparativos nem compra de material especial e podem dar grande prazer mesmo em idade avançada.

Praticar esportes juntos faz bem ao casamento

Também são bons os exercícios de ginástica, mesmo em academias, desde que haja orientação e apoio técnico competentes. É justamente nesses centros que você, além do esporte, ainda tem a possibilidade de conhecer outras mulheres, fazer contatos, conversar e com isso aumentar seu bem-estar.

Efeitos positivos dos exercícios e do esporte

Exercícios regulares não são importantes apenas para o coração e a circulação sangüínea. Eles levam a uma melhora das ondas de calor e suores e são um bom remédio contra a insônia, tão freqüente durante o climatério. Adicionalmente, os exercícios ajudam a prevenir a osteoporose.

Com exercícios e treinamento muscular, você diminui as tensões e as dores causadas por elas. Ao mesmo tempo, você gasta mais calorias. Assim sendo, fica mais fácil conservar o peso ou até mesmo emagrecer.

Mas não se deve ignorar seu efeito positivo sobre o bem-estar psíquico. Uma contribuição decisiva para isso vem das chamadas endorfinas, que são liberadas principalmente durante a prática dos esportes de resistência e provocam euforia.

As endorfinas são formadas na espinha e no cérebro e, em princípio, têm uma ação analgésica, animadora e estimulante. Sua ação se compara, em princípio, à dos medicamentos ou drogas que contêm morfina; porém são formadas e dosadas pelo próprio corpo.

Esses efeitos positivos mostram claramente por que as atividades esportivas são de valor especial não só para os jovens.

Vivendo e Experimentando

Estabelecer tarefas e objetivos

Exatamente tão importante quanto o exercício físico é o "exercício" mental. Dele faz parte definir as próprias atividades e estabelecer os próprios objetivos. É nessa fase da vida, quando tantas coisas se modificam, quando os filhos saem de casa e na vida profissional já se caminha talvez para a aposentadoria, que existe a ameaça de um vazio na vida cotidiana. Cada mulher deve encontrar seus próprios objetivos e atividades, e dedicar-se a cumpri-los. Não são poucas as mulheres que encontram uma nova atividade no âmbito social e religioso, muitas vezes como voluntárias nas obras de assistência ao menor e ao idoso. Outras preferem dar apoio aos próprios filhos,

Procure e descubra novas atividades

MENOPAUSA — FASE DE TRANSIÇÃO?

Muitas mulheres têm prazer em tomar conta dos netos

principalmente cuidando dos netos. Onde encontrar sugestões de objetivos aos quais se dedicar? Há muitos pontos de partida — justamente nas cidades e áreas superpopulosas.

De início, você pode "dar uma olhada" sem compromisso em muitos lugares.

Dentre eles, estão as comunidades religiosas do lugar onde você mora, as instituições de caridade ou de trabalho voluntário, as escolas populares e os grupos de auto-ajuda.

Descubra o mundo

Um outro aspecto interessante é viajar. Justamente quando os filhos saem de casa é que muitos pais têm, pela primeira vez, a possibilidade de pensar em uma viagem prolongada. Com os modernos vôos turísticos, o mundo ficou pequeno; e, se for o caso, você também encontrará locais muito interessantes para suas férias, onde o padrão médico lhe assegurará a necessária segurança. Se isso lhe der prazer, vá descobrir o mundo!

Também na Alemanha há muitas possibilidades para você gozar umas belas férias. Se você tem problemas de saúde, nossas montanhas de baixa altitude oferecem um bom lugar para suas férias. Lá você encontrará os costumeiros cuidados médicos e tem a oportunidade de fazer caminhadas ou até de obter uma cura, numa atmosfera apropriada. Dê a si mesma uma folga do dia-a-dia!

Quer você viaje para lugares distantes ou prefira as coisas boas que estão por perto, toda viagem pode transformar-se numa bela experiência antes mesmo de seu início, se você se permitir o tempo para o planejamento e os preparativos, e se alegrar com a expectativa.

Sexualidade

Durante muito tempo nada se falou sobre a vida sexual na idade madura. Era um tabu. Só lentamente se reconhece que também depois da menopausa as mulheres podem ter necessidades sexuais e desejar vivenciá-las. A sexualidade é uma parte permanente da nossa vida, até em idade bem avançada. Nas consultas psicossomáticas, muitos médicos ouvem que algumas mulheres — seja como conseqüência da própria educação, seja em resultado de formação posterior — acham que essa necessidade na idade mais avançada é anormal e inaceitável, e têm vergonha dela.

A sexualidade não termina com a última menstruação, com a incapacidade de gerar filhos, porém independe totalmente desses fatores.

No entanto, as conseqüências da deficiência hormonal têm um significado importante: a secura e vulnerabilidade da mucosa vaginal, bem como problemas de prolapso, podem afetar bastante a vida sexual. Tenha coragem e fale sobre isso com seu ginecologista! Ele vai lhe explicar quais são as possibilidades de aliviar ou diminuir esses problemas. Antes de mais nada, porém, certifique-se de que seu ginecologista leva a sério seus desejos e suas preocupações.

Converse com o seu médico sobre os seus desejos

Mantenha-se bem informada

Não menos importante é que você se mantenha atualizada com tudo o que está associado ao climatério. É exatamente por este motivo que você está lendo este livro agora.

Vivemos numa época em que as informações e sua difusão desempenham um importante papel na nossa sociedade. Não devemos ignorar as informações que nos dizem respeito diretamente.

Para a mulher no climatério, é importante saber o que está acontecendo com seu corpo, quais os problemas correlatos e como lidar com eles. Mantendo-se bem informada, ela achará mais fácil conversar com seu médico, aproveitando ao máximo o tempo limitado da consulta para esclarecer suas principais dúvidas e problemas.

Troca de informações — intercâmbio com outras mulheres

É muito informativo e importante para você encontrar-se com outras mulheres, pois vocês poderão conversar sobre as dúvidas e problemas do climatério. Em geral, falta quem tome a iniciativa, tenha a idéia e faça a pedra rolar. O que não faltam são mulheres querendo participar dessas reuniões. Você mesma decidirá o modo como pretende organizar esses encontros. Eles podem realizar-se alternadamente na casa das participantes, num salão de chá ou cafeteria ou, por exemplo, num espaço comunitário. Da mesma forma como foram organizados muitos grupos de jovens mães, pode-se formar grupos para troca de idéias com mulheres que aceitam o climatério passivamente, como uma imposição do destino, mas querem vivenciá-lo e dar-lhe forma ativamente. A estrutura desses encontros fica a seu critério. Aliás, por que não convidar um(a) ginecologista de vez em quando, para discutir com o grupo as questões mais pertinentes? O importante é que esses encontros lhe dêem prazer e contribuam para elevar sua qualidade de vida, durante e depois do climatério.

Apêndice

As Perguntas mais Freqüentes sobre o Climatério — com Breves Respostas

Como fico sabendo que cheguei ao climatério?

O climatério começa antes mesmo da cessação da menstruação. Indícios típicos são as irregularidades menstruais; muitas vezes os ciclos são prolongados, mas também mais curtos; distúrbios como ondas de calor, suores súbitos, perturbações do sono, inquietação geral ou outros.

É possível adiar o início do climatério?

Em primeiro lugar, o início do climatério é geneticamente estabelecido (assim como o momento da primeira menstruação). Mas ele pode ser influenciado por diversos fatores: operações (remoção dos ovários), quimioterapia ou radioterapia, doenças graves e também pelo cigarro e pelo abuso de bebidas alcoólicas ou de drogas. Abandonar o cigarro, sobretudo, pode lhe dar a possibilidade de adiar o início do climatério (embora por prazo relativamente pequeno).

Quanto tempo duram os distúrbios do climatério?

A duração dos distúrbios do climatério difere de mulher para mulher, tal como seu surgimento. Em média, o período do climatério dura cerca de uma década, até que —

por volta dos 55 anos — os distúrbios diminuem e finalmente desapareçam, depois que o corpo se adaptou à deficiência de estrógenos.

Toda mulher que está no climatério tem de se tratar?

Nem sempre os distúrbios do climatério são tão fortes que se torne necessário um tratamento médico. Seja como for, deve-se levar em conta que em alguns casos pode ser recomendável uma reposição hormonal como medida preventiva, por exemplo, contra a osteoporose. A decisão, em cada caso, deve ser tomada em conjunto com o ginecologista.

Reposição hormonal e pílula anticoncepcional são a mesma coisa?

Por certo que os hormônios usados na reposição hormonal e na pílula anticoncepcional são os mesmos, porém não na mesma combinação. As pílulas anticoncepcionais de hoje contêm o etinilestradiol, um estrógeno cuja ação é mais forte do que a do estrógeno natural receitado na reposição hormonal para as mulheres no climatério. Por isso, pode-se contar com mais efeitos colaterais no caso da pílula anticoncepcional do que no caso da reposição hormonal; nesta, ministra-se estrógenos mais ou menos na mesma quantidade em que eles eram produzidos pelos ovários antes da menopausa.

Quando se recomenda uma reposição hormonal?

Se em determinado caso é recomendável e apropriada, uma reposição hormonal deve ser estabelecida pela mulher e seu médico ginecologista. Ela é essencialmente recomendável em todos os casos em que haja distúrbios característicos do climatério e um alto risco de osteoporose; ou quando há doenças do coração e da circulação sangüínea (por exemplo, doenças das coronárias, pressão alta).

Qual a duração de um tratamento com hormônios?

No estágio atual do conhecimento médico, um tratamento com hormônios deve ser feito durante 10 anos, ou melhor ainda, durante 15 anos. Por outro lado, nada impede que se faça o tratamento por mais tempo — se você quiser e sentir-se bem, durante toda a vida.

Qual a melhor maneira de tomar hormônios?

Esta pergunta só pode ser respondida individualmente. Há casos em que se deve preferir os adesivos ou as injeções de hormônios (hoje também existem cremes hormonais) à ingestão de comprimidos. Na maioria dos casos, depende simplesmente da preferência de cada mulher.

Quais são os efeitos colaterais da reposição hormonal?

Efeitos colaterais da reposição hormonal são muito raros: náuseas ao tomar comprimidos de hormônios, retorno das regras menstruais, crescimento de tumores no útero, tensão nos seios; sobrecarga adicional no fígado se já houver doença hepática, maior risco de câncer na mucosa do útero (se forem dados estrógenos sem adição de progestágenos;

caso contrário, o risco é bem menor do que em mulheres que não tomam hormônios); sensação de tensão nas pernas, aparecimento de trombose nas veias das pernas. Estes efeitos colaterais (com exceção de câncer na mucosa do útero) também aparecem ao se tomar a pílula anticoncepcional e até com maior freqüência. Além disso, a ingestão da pílula anticoncepcional aumenta o risco de infarto do coração ou de uma apoplexia. Esse perigo pode ser reduzido com preparados de reposição hormonal.

O que a mulher deve fazer quando surgem efeitos colaterais?

Se surgirem efeitos colaterais ao se fazer reposição hormonal, você deve procurar imediatamente o ginecologista e conversar com ele sobre o que se deve fazer em seu caso. Possivelmente será suficiente modificar a forma de apresentação do remédio, por exemplo, mudando de comprimidos de hormônio para adesivos ou injeções.

Há mulheres que têm intolerância ao tratamento hormonal?

Sim, há mulheres que não toleram o tratamento com hormônios. Seja como for, esses casos são muito raros, visto que toda mulher produz em seu próprio corpo os mesmos hormônios. E até hoje não se precisou remover cirurgicamente os ovários de nenhuma mulher porque ela não tolerava seus próprios hormônios sexuais femininos! A causa da intolerância por certo deve ser buscada em outro nível: preocupações e medos, conscientes ou inconscientes, talvez contribuam para uma recusa ao tratamento com hormônios, que também os manifestam fisicamente.

O que deve levar em consideração antes de uma cirurgia?

Ao contrário do que acontece com a pílula anticoncepcional, um tratamento de reposição hormonal não deve ser interrompido antes da planejada cirurgia. As únicas exceções são os casos em que existe suspeita de câncer de mama ou do útero (mas não do colo uterino) — mas então não devido à cirurgia como tal, e sim por causa da doença existente.

A reposição hormonal pode evitar uma gravidez?

A reposição hormonal propriamente dita não tem nenhum efeito contraceptivo — para isso são necessários preparados ou combinações especiais com a chamada minipílula. Por outro lado, os sangramentos que ocorrem ao se fazer reposição hormonal não significam que tenha se tornado novamente fértil a mulher que já está no climatério há algum tempo e já teve sua última menstruação. O sangramento nada mais é do que uma reação normal da mucosa do útero à estimulação dos hormônios ingeridos.

É verdade que os hormônios engordam?

A reposição hormonal não engorda! Na verdade, hoje está provado que, com reposição hormonal ou sem ela, é igual o número de mulheres que engordam, que conservam o peso ou até emagrecem. Não são os hormônios que causam a tendência ao aumento de peso durante ou depois do climatério, mas sim a mudança do metabolismo da energia corporal devido à idade. Essas relações serão amplamente descritas em meu próximo livro.

O risco de eu contrair câncer se torna maior com a reposição hormonal?

Com base nos resultados de estudos abrangentes de que dispomos hoje, podemos afirmar que uma reposição hormonal corretamente feita não aumenta o risco pessoal de contrair câncer, podendo até reduzi-lo. Por "correta", entende-se a reposição hormonal feita em mulheres cujo útero não tenha sido removido devido a alguma doença, e sempre combinando os estrógenos com um progestágeno (hormônios do corpo lúteo).

Como é um programa de prevenção para mulheres a partir dos 50 anos?

Hoje em dia, uma parte muito importante dos cuidados médicos é a prevenção. Para a mulher no climatério, a prevenção envolve dois aspectos: reconhecimento precoce do câncer e descoberta em tempo hábil das doenças do coração e da circulação sangüínea. Igualmente importantes são o *check-up* preventivo do câncer e também o exame de saúde, ambos introduzidos há alguns anos como partes integrantes dos serviços prestados pelo seguro-saúde estatutário. Informe-se sobre essas propostas!

O *check-up* preventivo do câncer deve ser feito por um ginecologista, que irá examinar os seios e os órgãos genitais, coletar material da boca do útero, examinar as fezes para ver se há sangue e, finalmente, inspecionar toda a pele, cuidadosamente.

O objetivo do *check-up* preventivo é descobrir um tumor canceroso o mais cedo possível — enquanto este ainda é curável.

Importantes complementações desse programa são o auto-exame dos seios e a atenção cuidadosa aos sinais de alarme: um sangramento fora do período das regras, fluxo menstrual prolongado e fora do comum, sangue na urina, sangue nas fezes, tosse seca durante várias semanas, bem como distúrbios e dores incomuns. Se perceber qualquer irregularidade, procure imediatamente o seu médico!

Glossário

Ablação da mama
remoção (amputação) dos seios.

Ablação do endométrio
remoção da mucosa do útero no quadro de um reflexodiagnóstico do útero.

Abrasão
raspagem (do útero); também denominada curetagem.

Adiposidade
excessiva proporção de gordura no peso corporal.

Adnexa uteri
os apêndices uterinos: ovário, tubas uterinas e ligamentos do útero.

Adolescência
período posterior à puberdade.

Androgênios
hormônios sexuais masculinos; os mais importantes são a testosterona e a dehidroepiandrosterona.

Anemia
deficiência de glóbulos vermelhos (hemácias) no sangue.

Apoplexia
afecção cerebral súbita, acompanhada de privação dos sentidos e dos movimentos, determinada por lesão vascular cerebral aguda.

Arteriosclerose
doença produzida por endurecimento das artérias.

Carcinoma do ovário
câncer no ovário.

Carcinoma de mama
câncer dos seios.

Carcinoma do colo
câncer no colo do útero.

Carcinoma do endométrio
câncer na mucosa do útero.

Carcinoma
tumor maligno.

Climatério
conjunto de alterações somáticas e psíquicas que ocorrem no final do período reprodutor do ser humano.

Colporrafia
levantamento da vagina para tratamento cirúrgico de um prolapso (queda) vaginal.

Colpo-suspensão
levantamento da vagina e da bexiga no caso de prolapso (queda) com incontinência urinária, feito por incisão abdominal.

Contra-indicação
indicação em contrário; havendo contra-indicação, o medicamento não deve ser administrado ou, se for o caso, a operação não deve ser realizada.

Corpo lúteo
massa glandular no ovário, formada por um folículo ovariano que amadureceu e descarregou seu óvulo. O corpo lúteo segrega a progesterona.

Curetagem
raspagem do útero; também denominada abrasão.

Diabetes melito
distúrbio metabólico que compromete a metabolização de glicídios. Também chamada diabetes sacarina ou apenas diabetes.

Dispareunia
distúrbios (principalmente dores) durante o ato sexual.

Disúria
dificuldade em urinar (sobretudo "queimação").

Doença das coronárias
entupimento das artérias que irrigam o coração; principal causa do infarto.

Embolia
propagação de um coágulo sangüíneo na corrente sangüínea, especialmente para os vasos do pulmão, que são entupidos por ele.

Enzima
proteína (ligação de albumina) que põe em ação um processo químico determinado do metabolismo).

Estradiol
hormônio segregado pelo folículo ovariano, e que determina o desenvolvimento dos caracteres sexuais da mulher.

Estriol
hormônio sexual feminino existente na urina da mulher grávida.

Estrógenos
designação genética dos hormônios sexuais femininos.

Estrona
estrógeno segregado pelo ovário, e que pode ser transformado em estriol.

Etinilestradiol
estrogênio sintético (composto artificialmente).

Extirpação do útero
remoção do útero.

Fáscia corporal
bainha ou faixa de tecido fibroso situada em profundidade, em relação à pele, revestindo músculos e órgãos e dando sustentação ao corpo.

Fitoterapia
tratamento à base de preparados de plantas.

Fratura
ruptura (de ossos).

Funções vegetativas
processos inconscientes do corpo humano que não podem ser controlados (por exemplo, as funções do metabolismo).

Hepatite
inflamação do fígado.

Hipermenorréia
menstruações abundantes demais.

Hipertonia
pressão arterial alta.

Hipófise
glândula de secreção interna, de múltiplas funções.

Hipotálamo
diencéfalo.

Histerectomia abdominal
remoção do útero por meio de incisão no abdômen.

Histerectomia
remoção do útero.

Histerectomia vaginal
ablação do útero através da vagina (sem incisão no abdômen).

Histeroptose
queda, prolapso ou ptose (do útero, da bexiga e/ou das paredes vaginais).

Histeroscopia
reflexodiagnóstico do útero.

Hormônios
os transmissores químicos do corpo.

Incontinência de esforço
micção involuntária ao tossir, espirrar, às vezes ao rir, subir escadas, andar; em casos graves, ao ficar de pé.

Incontinência
emissão involuntária de substâncias cuja excreção costuma estar sujeita à vontade; a mais freqüente é a da urina (incontinência urinária).

Incontinência imperativa
incontinência urgente: súbita vontade forte de urinar, com perda involuntária de urina.

Incontinência urinária
emissão involuntária da urina.

Infarto do miocárdio
oclusão das artérias do coração.

Inibidor de ovulação
preparado hormonal composto de um estrógeno e um progestógeno, que impede a ovulação; a chamada pílula anticoncepcional.

Laparoscopia
visualização da cavidade abdominal através de aparelho específico.

Mama
seios da mulher.

Mamografia
raios X da mama.

Mastodinia
dor na mama.

Menarca
a primeira menstruação.

Menopausa
a última menstruação.

Menorragia
sangramento menstrual excessivo e geralmente mais prolongado que o habitual.

Menstruação
regras mensais (sangramento uterino cíclico).

Metrorragia
sangramento uterino que ocorre em intervalos irregulares, às vezes por período prolongado.

Mioma
tumor constituído de elementos musculares (em 25% das mulheres ocorre na parede do útero).

Neoplasia
qualquer tumor (benigno ou maligno).

Obstipação
constipação renitente, prisão de ventre, preguiça intestinal.

Oligomenorréia
fluxo menstrual marcadamente reduzido.

Operação total
remoção do útero, dos ovários e das trompas.

Osteoporose
perda de substância óssea com modificação da estrutura óssea e maior risco de fraturas.

Ovário
glândula sexual da mulher, onde se formam os óvulos.

Ovariotomia
incisão cirúrgica do ovário.

Polimenorréia
menstruação anormalmente freqüente.

Progestágenos
hormônios do corpo lúteo.

Progesterona
hormônio do corpo lúteo.

Progressão
evolução de uma doença.

Recidiva
reaparecimento de uma doença depois da convalescença.

Reposição hormonal
adição do hormônio que falta ou é produzido em quantidade reduzida; generalizadamente hoje em dia, a designação dos hormônios sexuais femininos na menopausa e depois.

Tranqüilizante
medicamento que age sobre a ansiedade e a tensão nervosa.

Trombose
coagulação do sangue dentro do aparelho circulatório.

Tumor adnexal
tumor nos *adnexa uteri*; sem analisar se benigno ou maligno.

Tumor maligno
tumor canceroso.

Ultra-sonografia de mama
exame dos seios com ultra-som.

Urgência
vontade imperativa de urinar.

Útero miomatoso
útero com tumores musculares benignos em sua parede.

Útero
órgão onde é gerado o feto.

Vagina
canal que se estende do colo do útero à vulva.

Varizes
dilatação permanente de uma veia (veia varicosa).

Vasodilatação
aumento do calibre dos vasos sangüíneos.

Vulva
parte externa dos órgãos genitais femininos.

EXERCÍCIOS PRÁTICOS E EFICAZES PARA CURAR A DOR NAS COSTAS

Dra. Mary Rintoul e Bernard West

Tenha costas saudáveis, flexíveis e livres de dores
Aprenda a melhorar a sua postura
Saiba qual a melhor forma de levantar e de carregar pesos
Alivie a tensão nos músculos das costas e do pescoço
Fique mais ereto e pareça mais magro
Fortaleça seus músculos e movimente suas articulações

Milhões de pessoas sofrem de dores nas costas em algum período da vida. Na maioria dos casos, a causa é a má postura. É possível prevenir ou aliviar a tensão nas costas e as lesões pondo em prática o programa de exercícios e de auto-ajuda proposto neste livro.

Ensinando-o a cuidar de suas costas, os autores sugerem uma série de exercícios que previnem e acabam com as suas dores. Costas mais fortes e mais bem preparadas têm menos propensão a lesões, dores e desgaste, deixando-o mais flexível, ativo e vigoroso.

* * *

A dra. Mary Rintoul formou-se em medicina no St. Thomas Hospital. Dedicou-se à clínica geral, mas agora dedica-se à prática hospitalar. É casada com um dentista que por muito tempo sofreu de intermitentes dores nas costas.

Bernard West formou-se em odontologia na Sheffield University, em 1969. Durante vinte anos, trabalhou como dentista em Kent. Como é comum na sua profissão, ele sofria de dores nas costas, chegando em algumas ocasiões a ficar incapacitado para o trabalho. Foi tentando resolver esse problema que ele entrou em contato com a dra. Mary Rintoul.

Depois de tratar com sucesso outras pessoas que sofriam do mesmo problema, eles resolveram escrever juntos estes *Exercícios Práticos e Eficazes para Curar a Dor nas Costas*, com o intuito de dividir com os leitores o que aprenderam sobre dores provocadas por má postura e sobre o aperfeiçoamento do controle ósseo-muscular. Bernard West tem vários artigos publicados em revistas de medicina e trabalha atualmente no Health Service Management.

EDITORA PENSAMENTO

GUIA PRÁTICO DE TERAPÊUTICA EXTERNA

Métodos e procedimentos terapêuticos de grande simplicidade e eficácia

Dr. José Maria Campos
(Clemente)

As práticas terapêuticas externas, desenvolvidas até certo ponto em épocas passadas, dão-se hoje a conhecer como um potente instrumento de cura e amplo campo de investigações. Com a aproximação entre o mundo material e o mundo imaterial, que atualmente começa a realizar-se, pode-se atingir com maior facilidade certos nódulos, contraparte sutil das doenças, especialmente pelo uso dessas técnicas naturais.

Assim, Dr. José Maria Campos, um dos autores de PLANTAS QUE AJUDAM O HOMEM, traz agora um guia prático, fruto de seu trabalho e pesquisa nesse setor da medicina. Nesta obra, apresenta indicações para o uso de algumas plantas, sugestões para o preparo e emprego de compressas, cataplasmas, pedilúvios, banhos de imersão, lavagens intestinais e aplicações de argila. Acrescenta, também, orientações sobre a elaboração de chás, pomadas, tinturas e outros produtos, bem como esclarece pontos importantes sobre o manuseio de plantas medicinais.

CULTRIX / PENSAMENTO

A MESA DO VEGETARIANO

Dra. Rosa Scolnik
Dr. Jaime Scolnik

A Mesa do Vegetariano não é apenas mais um livro de receitas. Sua leitura lhe será muito útil, pois lhe ensinará como alimentar-se de um modo racional, não só para se manter saudável como para recuperar a saúde.

Com este propósito, os autores incluíram no volume conceitos básicos sobre alimentação, centenas de receitas para preparar riquíssimos e substanciosos pratos vegetarianos que permitem variar o cardápio familiar, indicações que ajudam a superar diversas enfermidades, assim como estudos e observações sobre alguns alimentos em uso na cozinha tradicional.

Oferecendo informações úteis para sua alimentação diária, este livro cuida também de descrever o modo mais apropriado de misturar e combinar os alimentos e de apontar os procedimentos incorretos seguidos na elaboração de alguns deles.

Os autores, Rosa e Jaime Scolnik, são médicos de larga experiência profissional, que há muitos anos se dedicam a propalar as vantagens de uma dieta vegetariana de sólida base científica. Autores de inúmeros trabalhos sobre o tema, esta é, porém, a sua obra mais ampla e ambiciosa.

EDITORA PENSAMENTO

Receituário dos melhores remédios caseiros

Francisco Valdomiro Lorenz

À medida que as condições de vida se deterioram e que se torna mais difícil encontrar assistência médica adequada, auxílios seguros e simples no campo da saúde ganham proeminência.

Este livro vai ao encontro da necessidade, descrevendo mais de 250 remédios caseiros obtidos facilmente de plantas medicinais e outras substâncias. Oferece também sugestões para o tratamento de um vasto número de males e enfermidades que assolam esta civilização.

Escrito há algumas décadas numa linguagem accessível, e tendo permanecido vivo pelo seu grande valor, foi muitas vezes reeditado. Reapresenta-se agora ao leitor totalmente revisto e atualizado.

EDITORA PENSAMENTO

VENCENDO A OSTEOPOROSE

Harris H. McIlwain e outros

Com base nas mais recentes pesquisas médicas, um grupo de reumatologistas experientes oferece neste livro um guia atualizado e conciso para a prevenção, tratamento e controle da osteoporose. Os autores enfatizam o papel crucial da alimentação e dos exercícios para vencer essa batalha. Eles mostram os tipos de alimentos que ajudam a combater a osteoporose e ensinam exercícios específicos para construir massa óssea. *Vencendo a Osteoporose* também mostra os modos eficazes para evitar fraturas da bacia, assim como controlar a dor, aumentar a mobilidade e deter a doença em seus estágios iniciais. Com este útil manual, você será capaz de:

- identificar e reduzir os fatores de risco;
- reconhecer os quatro estágios da osteoporose e tratar cada estágio de forma adequada;
- seguir um programa fácil de exercícios para prevenção e tratamento da doença;
- deter a perda de cálcio nos ossos mediante o aumento correto de cálcio.

* * *

Os autores – Harris H. McIlwain, Joel C. Silverfield, Michael C. Burnette e Bernard F. Germain – são médicos e praticam em Tampa, na Flórida; eles se especializaram no tratamento da osteoporose, das dores nas costas e da artrite. Debra F. Bruce é escritora especializada na área da saúde, com numerosos artigos publicados em revistas e livros. Eles também são autores de *Vencendo a Dor nas Costas*, já publicado pela Editora Cultrix.

EDITORA CULTRIX